杨颖——编著

民主与建设出版社
·北京·

**图书在版编目(CIP)数据**

温柔教养 / 杨颖编著 . -- 北京 : 民主与建设出版社 , 2022.6（2023.9 重印）
ISBN 978-7-5139-3882-2

Ⅰ . ①温… Ⅱ . ①杨… Ⅲ . ①家庭教育 Ⅳ . ① G78

中国版本图书馆 CIP 数据核字（2022）第 115643 号

温柔教养
WENROU JIAOYANG

| | |
|---|---|
| 编　　著 | 杨　颖 |
| 责任编辑 | 刘树民 |
| 封面设计 | 春浅浅 |
| 出版发行 | 民主与建设出版社有限责任公司 |
| 电　　话 | (010)59417747　59419778 |
| 社　　址 | 北京市海淀区西三环中路 10 号望海楼 E 座 7 层 |
| 邮　　编 | 100142 |
| 印　　刷 | 三河市嘉科万达彩色印刷有限公司 |
| 版　　次 | 2022 年 6 月第 1 版 |
| 印　　次 | 2023 年 9 月第 3 次印刷 |
| 开　　本 | 880mm × 1230mm　1/32 |
| 印　　张 | 6 |
| 字　　数 | 136 千字 |
| 书　　号 | ISBN 978-7-5139-3882-2 |
| 定　　价 | 36.00 元 |

注：如有印、装质量问题，请与出版社联系。

孩子需要知道他们被爱

需要父母更多的

拥抱、亲吻和温柔的轻拍

扫码体验
育儿专家私房课

扫码体验音频讲读

扫码体验音频讲读

# 每一个孩子都应该被温柔相待

爱是亲子教育中不可缺少的一环，比起各种“专家”宣传的教育方式，父母的爱重要得多。有了爱，其他一切都可以逐渐改善；但若是没有爱，再尽责的父母、再完美的教育，都无法养育出出色的孩子。

爱，对孩子而言，是绝对必要的，也是人类的基本需求，绝不会因成长而递减。即使是成人，也仍需要别人的关爱、亲密的关系和温柔的安抚。每一个人都需要别人的接纳和滋润。

当父母温柔地对待孩子，伴随着爱的话语和照料，孩子将感受到自己被关怀。孩子需要知道他们被爱，需要父母更多的拥抱、亲吻和温柔的轻拍，因为他们觉得这是父母对他们“爱的保证”。

那么，什么才算真正的爱呢？是温柔而坚定的爱。

在日常生活中，给孩子全部的温柔和耐心、接纳和鼓励、分享和陪伴，而不是说教和唠叨、控制和绑架。

在具体事情上，要给孩子坚定的原则和边界，做对了就要大声表扬，做错了就要明确指出；失信了就要受到严惩，违规了就要付出代价。

当孩子委屈、悲伤、愤怒时，能够安慰他、呵护他，让孩子的不良情绪在父母的爱中得以平复。

当孩子自卑、怯懦、恐惧时，能够鼓励他、支持他，让孩子的负面心态在父母的爱中消解。

愿天下的父母都能够对孩子倾注爱，因为，每一个孩子都应该被温柔相待。

# 目录
CONTENTS

第一章
温柔养育，好父母懂得如何爱孩子 001

父母的陪伴是最长情的告白 002
父母的忽视是对孩子最大的伤害 009
规划一个温馨的亲子时间 014
积极参与孩子喜爱的活动 019
不要以爱的名义约束孩子 023

第二章
理解尊重，温暖孩子的心 029

理解孩子，做孩子最好的朋友 030
站在孩子的立场考虑问题 035
善于听懂孩子的弦外之音 045

与孩子平等交流，而不是训导 052

尊重孩子是父母最好的教养 060

呵护孩子，幼小的心灵最怕伤害 067

为孩子提供全面的精神支撑 076

第三章

温和而坚定，规矩的背后是自由 083

这样定规矩，孩子才不抵触 084

用善意的指导和关爱代替指责 090

正面管教让孩子拥有自控力 094

不溺爱，不放任，做有原则的父母 101

第四章

平心静气，做情绪稳定的父母 109

自我控制，有火不要对孩子发 110

情绪稳定，对孩子的态度不能太随意 115

用温和的方式走进孩子的心灵 122

保持冷静，给孩子解释的机会 126

第五章

带着温度说话，孩子才肯用心听 135

学会赏识，激励帮助孩子进步 136

冷静批评，收起自己的愤怒 140

减少唠叨，要让孩子真正听进去话 146

巧用“近因效应”，让谈话更愉快 151

第六章
化解冲突，温柔的父母才能养育出平和的孩子 159

找到孩子闹情绪的原因，对症下药 160

学会共情，巧妙应对孩子的愤怒 167

孩子有不满，让他彻底释放出来 170

有开心的父母，才会有快乐的孩子 176

用爱浇灌

每个孩子都能像花儿一样绽放

第一章

# 温柔养育，好父母懂得如何爱孩子

扫码体验音频讲读

# 父母的陪伴
# 是最长情的告白

孩子的成长是一场现场直播，只能向前，无法后退，孩子成长的每一步，都离不开父母的陪伴，父母给孩子最好的礼物，恰恰就是陪伴。

有句很美、很有诗意的话是这样说的：**陪伴是最长情的告白。**确实如此，在人这短暂又漫长的一生中，正因有了陪伴而幸福，这样的陪伴也会在回忆里烙下深深的印记。

我们在日常生活中不难发现，有的孩子阳光开朗，有的孩子却闷闷不乐，不爱说话。这不同的性格就与父母的陪伴程度紧密相连。父母经常陪伴的孩子，肯定和父母沟通得多，所以他们也爱讲话。反之，就会拒绝和别人相处。

## 孩子的成长离不开父母的陪伴

有父母陪伴的孩子往往比那些留守在家由爷爷奶奶照顾的孩子更加自信，**父母的爱是他们最好的港湾，**所以他们在与外界相处的时候会更加自信。

我们发现，小时候缺乏父母陪伴的孩子，长大之后往往不是很听父母的话。这是因为他们对父母不完全信任，他可能更信任带他们长大的爷爷奶奶或者保姆阿姨，所以这时候父母对他们的教育就显得苍白无力。

一般有父母陪伴的孩子更加见多识广，相反如果孩子由爷爷奶奶照顾的话，老人更多地局限于让孩子吃饱穿暖，至于其他方面，老人也没有更多的能力和精力去管，因此这类孩子基本上没

有去过太多的地方，接触的外界事物也很少，容易导致视野狭窄、性格内向。

## 物质无法代替父母的陪伴

韩伟的爸爸是一家外贸公司的总经理，妈妈在一家房地产公司做销售经理，二人都是成功的白领人士。因为爸爸妈妈工作忙，韩伟从小就和外公外婆生活在一起。老人疼爱外孙，衣食住行都安排得妥妥当当，加上韩伟也聪明懂事，学习上从来不用大人操心，成绩一直不错，所以平日里孩子生活、学习的事情，爸爸妈妈几乎没有怎么管过。

韩伟的爸爸妈妈也觉得自己付出得太少，有些对不起孩子。于是，凡是他们能够想到的、看到同龄孩子有的，或是韩伟要求的，无论是吃的、用的还是玩的，他们都尽力满足他。逢年过节，或是韩伟生日，爸爸妈妈都会给他买很多礼物，给他很多零用钱。

假期里，爸爸妈妈也会让韩伟去参加各种冬令营、夏令营，甚至支持他远赴欧美参加文化交流活动。但爸爸妈妈却觉得，韩伟似乎与他们越来越疏远、感情越来越淡薄了。爸爸妈妈到外婆家看他时，韩伟只是打个招呼，一起吃饭时也不讲话，吃完就回到自己的房间不知干什么去了。

爸爸妈妈问他一些学校、学习的事情，韩伟总是敷衍了事，或是用最简短的语言回答；爸爸妈妈偶尔有时间想陪他出去玩玩，或是逛逛街，韩伟经常会找各种理由推辞，让爸爸妈妈把钱留下让他自己来解决。更让妈妈接受不了的是，他们给韩伟买来的吃的、用的，韩伟常常连看都不看，往柜子里一扔或是干脆没开包装就送给了同学。外婆偷偷地告诉妈妈，她听到韩伟在电话里对接受他礼物的同学说：

爸爸妈妈不明白：我们为了韩伟什么钱都舍得花，给他最好的物质和生活条件，他为什么不领情，还这样对待我们？

韩伟的父母因为工作忙，没时间和孩子在一起交流，只是尽力在物质上给予孩子最好的条件，认为这样就可以代替与孩子在情感上的沟通，这显然是不对的。

**在孩子的成长中，最需要与父母在情感、心理上的沟通**，这是其他任何人都无法替代的，也是物质上的优越无法替代的。父母即使工作再忙，也不应该疏于与孩子的交流和沟通，否则，孩子会认为父母并不重视自己，也不关注自己的情感、心理需要，从而与父母疏远、对父母冷漠，甚至产生逆反和隔膜。

得不到父母的关爱和重视，孩子的心理需要不能满足，会使其心理健康受到影响。因此，这样的孩子会变得孤僻、多疑，对他人尤其是父母缺乏信任，情绪不稳定，没有责任感、没有爱心，不懂得理解和关心别人。

试想，

在孩子最需要父母关爱的时候，父母不在身边；

在孩子最需要父母温暖的时候，父母不在身边；

在孩子最需要父母帮助的时候，父母不在身边；

孩子能不疏远你们，甚至“恨”你们吗？

所以，爸爸妈妈们，

为了不让孩子内向自卑、情感脆弱，请尽可能多陪伴孩子。

为了不让亲子间隔阂疏离，请尽可能多陪伴孩子。

为了不让自己将来后悔，请尽可能多陪伴孩子。

# 父母的忽视是对孩子最大的伤害

苏东东刚回到家，就从书包里拿出一张画，跑到妈妈跟前："妈妈，快看我的画。"正在厨房忙着做饭的妈妈，向苏东东歪歪脑袋，嘴里说着："好，不错！"苏东东感觉到了妈妈应付的态度，不依不饶地说："您根本就没看！妈妈，我给您放在茶几上，您好好看看。"说着就过来拉妈妈的袖子。

妈妈被缠得没有办法，只好来到客厅里。苏东东说："妈妈，您仔细看看。这是我在学校美术作品栏展览的画！"妈妈伸着脑袋又看了一下画，说："不错，不错！"

显然，苏东东并不满意妈妈这个"不错，不错"的评价。还不死心地又问："不错在哪儿？您觉得哪儿画得最好？"

已经又回到厨房忙碌的妈妈终于不耐烦了，说：

客厅里，苏东东气得把画揉成了一个团儿……

**孩子希望得到父母的关注，**来满足与父母交流、让父母关爱并得到认可的心理需要。但有些父母却像文中苏东东的妈妈一样，往往忽视孩子这种心理需要，用“我没时间”“忙着呢”来搪塞、敷衍孩子。

## 别让“存在性焦虑”害了孩子

心理学有一个词叫“存在性焦虑”，指的是当孩子无论说什么、做什么，父母都是以一种冷漠敷衍的态度对待孩子，孩子就会觉得，自己是不被关注的，因而没有存在感。

偶尔一两次的冷漠和敷衍或许没关系，但次数多了，那种被忽视、被遗弃的感觉，足以摧毁一个孩子。长此以往，孩子就会慢慢用冷漠代替恐惧，用麻木代替悲伤，最终形成抑郁人格。

法国心理学家罗伯特·纳伯格在《缺爱》一书中说："抑郁，是人失去存在感或者存在感减少，具体表现为感觉没有未来、没有规划、没有时间概念。"

那人如何拥有存在感呢？就是拥有关系。

他在书中说："关系就像是一个交换：我在他人眼中存在，他人在我眼中存在。而当我在他人眼中不再存在，仿佛透明的一样时，痛苦便随之而至。"

孩子之于父母，也是如此。

孩子之所以成为人、之所以得以存在，主要是因为与他人建立了关系：与母亲的关系、与身边其他人的关系，以及与家族或社会群体建立的关系等。

在父母的目光里，在社会的支持下，孩子才得以存在，或者更准确地说，他们才能学着存在。

每个人天生都希望得到关注，尤其是孩子。在孩子需要你的时候，你一次又一次地无视，当孩子的失望积累到一定程度，他就不再需要你了。

精神分析学中有一句名言：

**无回应之地，即是绝境。**家也不例外。

## 满足孩子表现自己和与父母交流的需要

孩子经常会要求父母听他唱歌、看他的作品、和他一起做游戏等。其实，这是孩子在向父母表达他渴望得到父母关注的信号，希望父母能够与他交流，听听他的想法，或是分享他的快乐及其他感受。

**孩子都有表现自己的愿望，**都希望得到父母的肯定。父母的认可对激发孩子的自信心、创造力以及独立意识都是非常有益的。而有些父母却总是人为地弱化孩子的表现，不把孩子的成绩当回事儿，甚至嘲讽、否定孩子的成绩。这会使孩子正常的表现欲望、成就意识受到压制，挫伤孩子的自信心、创造力和积极性。

父母要**善于体会和接受孩子传递的信号**，满足孩子表现自己和与父母交流的愿望，关注孩子的需要、参与孩子的活动。在这种时候，孩子的身心是放松的、精神是愉悦的，同时也是父母了解孩子的最好机会。

父母要以平和的态度、用欣赏的目光看待孩子的成绩，肯定他的付出、努力和成果。当然，这种肯定必须是实事求是的、发自内心的，不能过分夸大。否则，孩子容易满足于自己的成绩，自满、骄傲，或是感到父母的夸奖不真实，从而对父母产生不满。

如果父母的确在此时无法满足孩子希望父母关注，或者参与他活动的要求，父母也不要搪塞、敷衍，而应该向孩子讲明情况、表明歉意，并告诉孩子爸爸妈妈什么时候可以来听他唱歌、看他的作品，或是和他一起游戏。这样，孩子有了明确的答案，一般会乐于接受父母的解释。同时，也让孩子知道不能只考虑自己的需要，还要为他人着想，注意与他人相处、合作的规则。

## 规划一个<br>温馨的亲子时间

元元七岁时，妈妈送给她的六一儿童节礼物是一本精装的《格林童话》，孩子如获至宝，放学回家的路上就津津有味地看了起来。作为一个一年级的小学生，在读书时会碰到许多“拦路虎”，虽然有拼音，但有些字词的意思还是不明白，孩子就常常拿着书来问妈妈。

每天晚上睡觉前的一个小时，是这个家庭的“读书时间”。这个字怎么念，它是什么意思，为什么白雪公主的继母那样坏……

面对女儿的提问，有些妈妈当时就能解释，有些就引导她自己去想，去查资料，让她自己去寻找答案。通过提问、动脑筋后，元元明白了许多道理，同时也养成了爱提问题的好习惯。

随着年龄的增长，元元读的书慢慢地多了起来，从童话到科技发明，从《一千零一夜》到《十万个为什么》……妈妈经常与她一起交流读书体会，扩大她的眼界和知识面。

现在，每星期六下午，全家经常到书店看书、买书。每天晚上做完作业以后，就一起读书，鼓励孩子把书中的故事情节和内容复述出来，并在本子上写一段自己喜欢的内容，再配上图画，让孩子展开丰富的想象。

现代生活节奏很快，和从前相比，成年人承受的工作压力要大得多，因此，留给家人的时间就很少了。

元元父母的成功之处，就是**规划了一个固定的亲子时间**，在这个时间段里，元元不仅感受到了父母的爱和关怀，还学到了知识，学会了读书，并养成了爱读书的好习惯。

就像有些成年人热衷于居室装修一样，对亲子时间的安排和“布置”同样需要父母的巧心思。

利用动画人物。为了与孩子沟通，父母可以有意识地记住孩子感兴趣的动画人物。在日常交流或者与孩子发生冲突的时候，父母可以借用动画人物跟孩子交谈，或者让动画人物做孩子的榜样，很多问题往往会迎刃而解，还会拉近亲子距离。

一起做游戏。可以买一些亲子游戏的书，让父母和孩子一起做游戏。孩子并不太在意场地的大小或者环境的讲究程度，他们最需要的是爸爸妈妈的陪伴，追求的是游戏的“有趣”。

在做游戏时，如果孩子分配给父母一个特定角色，做父母的就要好好配合他的指令。比如，孩子希望在游戏中他当教师，父母当学生，那就照着做，这种**角色扮演游戏是让孩子了解他人感受与想法的好方法**。

**逛街前可以给孩子布置任务。**如回来要写篇日记或作文，这样便于培养孩子留心观察、积极思考的习惯，能够提高孩子的观察能力。

和孩子一起游园、逛街。一边游览名胜景点、文化街区，一边给孩子讲一些名胜古迹历史知识，并介绍城市发展成果，培养孩子爱家乡、爱祖国的情感。

选择商店。进商店要有所选择。比如多进书店、文具店等，少进一些服装店、餐饮店。在购物的时候，有意识地教孩子如何合理花钱，告诉他为什么买这而不买那，并培养孩子购物时首先考虑家人，比如优先考虑爷爷、奶奶购物时的需求。

和孩子一起外出时，适时给他们讲解交通规则，进行遵守交通规则的教育。例如，讲步行一定要走人行道，过马路必须走斑马线，红绿灯及各种交通标志有什么用途等。

在亲子时间里，父母不要把它理解为单纯意义上的玩耍时间，寓教于乐是可以随时随地做到的。在亲子时间里，在享受阳光、新鲜空气和天伦之乐的同时，让孩子**在父母的亲切教诲中感受浓浓的爱和期望**，并健康快乐地成长。

# 积极参与
# 孩子喜爱的活动

刘女士的儿子上初中了，上的是寄宿学校。刘女士从未缺席孩子参与的任何一项活动：市篮球联赛、运动会、学生音乐会、话剧表演——即使儿子只是演一棵树，妈妈也总是儿子最热情的观众。

刘女士是一名财务人员，对运动一窍不通，对音乐也不大感兴趣，但她还是努力抽出时间去为儿子加油。她说，希望自己在孩子成长过程中给予更多的陪伴，不错过任何一个精彩的瞬间。

最近一段时间，儿子迷上了制作遥控飞行器，每天，他都会给妈妈打电话，报告自己的新进展：他的飞行器反应更灵活了、飞得更远了……一天，儿子打来电话："妈妈，明天下午就开始比赛了，来替我加油吧！"刘女士兴高采烈地回答："太棒了！

我明天一定准时去。”

一下班，刘女士就跑到书店，找了很多遥控飞行器方面的书，又给儿子买了一组飞机模型。转天，刘女士下午请假准时赶到学校。

可遗憾的是，儿子那天并没有取得好名次，面对专程赶来的妈妈，孩子有点惭愧。

刘女士拿出自己准备好的礼物——书和模型送给了儿子，然后用玩笑式的威胁口吻说：“小伙子，看到了吗？这么贵的书和礼物都买了，你要是敢因为一次小小的失败就放弃，那我绝对饶不了你。”

孩子们通常有自己的社会活动，比如学校组织的风筝大赛、校际篮球比赛、乒乓球赛，等等。一些父母可能会认为，这只是

小孩子的游戏，关我什么事儿呀。

其实这种想法是完全错误的。父母应该像文中的刘女士一样，积极参与孩子的这类活动，因为父母的参与就是对孩子的肯定。

父母腾出时间陪孩子一起做孩子所喜爱的事情，是无比重要的。如果你希望孩子养成持之以恒的品质，掌握与工作、生活相关的技能，做父母的就要积极参与并支持孩子的各项活动，让孩子树立自信心，陪伴孩子健康成长。

**陪伴孩子的过程就是教育孩子的过程**，因此父母要抓住每一次参与孩子活动的机会，帮助孩子掌握相关技能和本领，还有合作和坚持的精神。

比如，父母要参与孩子的魔术兴趣小组活动，自己首先应该了解、掌握一些简单的魔术技巧，然后教会孩子，进而鼓励他练习魔术和表演。如果孩子年龄再大一些，那么就可以带他去图书馆，找本关于魔术和魔术家的书，看这方面的电影和表演。

在参与孩子活动的过程中，父母可以指导孩子如何将某一任务分成几个小任务，去循序渐进地完成，并指导孩子正确判断任务难易程度，以制订并执行活动计划，从而开发孩子的想象力、培养孩子的合作精神、促进其各种感官的协调配合等。

参与孩子的一次活动，做一件你和孩子都想去做的事情或一件需要全家人共同参与才能完成的工作，都是一个有意义的家庭合作计划。

家庭计划可以是多方面的，如开展家庭读书读报活动、学习写作计划，为报刊撰稿、参观博物馆或定期进行乡土旅游与异地旅游、开展家庭小收藏活动、建一座游戏室或室外储藏间等。

## 不要以爱的名义约束孩子

王英已经八岁了，可是她身边连一个要好的小伙伴都没有，其中的原因要归结到她的妈妈身上。妈妈快四十岁时才生下了王英，对她自然呵护备至，除了包办她日常生活中的所有事情外，还限定了她的活动范围。

妈妈要求王英周末老老实实地在家待着，不允许她出去玩，怕她遇到危险。

王英想自己洗衣服，妈妈怕她累着。

王英想自己端饭，妈妈怕她烫着。

……

但是王英却没有因此变得开心，她觉得自己没有自由。妈妈对她的爱，仿佛变成了一条无形的枷锁，将她牢牢束缚住了。

有很多父母也都像王英的妈妈一样，有这样的心理：爱孩子就要为孩子做好所有的事情。于是，溺爱孩子也就成了一个普遍现象。父母认为，不能让孩子受苦，于是竭尽全力地从各方面满足孩子的需求，甚至包括无理的要求，代替孩子完成孩子自己力所能及的事。他们以为，这样就能保证孩子幸福健康地成长。

但是，孩子并不会因此对父母心怀感激，反而会为此和父母产生隔阂和矛盾。因为孩子会认为父母束缚了自己的自由，阻碍了自己施展潜能，因此很难和父母保持良好的关系。

父母对孩子过度的爱，尤其**是以爱的名义对孩子进行限制和约束**，会剥夺孩子的自由，不利于孩子自主性和实践能力的提高。

父母爱孩子是人之常情，但是在爱孩子的过程中，要讲究原则，把握分寸，合理控制对孩子的爱，把握好爱孩子的“度”。

在很多人眼里，念念比同龄孩子显得更懂事，当别的妈妈在为孩子不能自己穿衣服犯愁时，念念已经会洗衣服了，这和念念妈妈从小就大胆地对她放手、让她尝试自己做事情有关。

从三岁起，念念就有了自己独立的房间，妈妈坚持让她自己睡觉、起床、穿衣服。妈妈很爱女儿，可更希望女儿早日独立。

懂事的念念知道这是妈妈爱她的表现，就非常认真地按照妈妈的要求去做。

**父母应该给孩子适度的爱**，让孩子在父母的爱中，丰富自己的情感世界，进而升华为进步的动力，而不是让过度的爱成为约束孩子成长的障碍。

## 用爱帮助孩子成长

父母的爱应该是孩子成长道路上的不竭动力，而不能成为孩子前进的阻碍。当孩子犯错误时，父母要用爱安慰孩子，帮助孩子认识自己的问题并努力改正；当孩子取得成绩时，父母要用爱表达对孩子的赞赏；当孩子迷茫时，父母要用爱为孩子指明前进的方向。这样，孩子才会在父母的爱中取得进步。

但父母不能让孩子成为自己的牵线木偶，一举一动都被自己束缚。

## 在尊重的基础上爱孩子

教育要尊重孩子的天性，重视孩子的自主权。**让孩子自己做决定，**自己解决遇到的难题。父母不应该以爱的名义，强迫孩子按照自己的要求去做事，而要尊重孩子的意愿，不过多地干涉孩子的生活，让孩子在尊重中成长。

有智慧的父母会将自己放在孩子的位置思考问题，以平等的态度与孩子进行交流和沟通，不给孩子太多的束缚，让孩子尽早学会自理、自立、自主。

## 给孩子适度的空间

很多父母出于对孩子的爱，将孩子束缚在自己的身边，限定在自己的视线范围之内。即使孩子不在身边，也会随时关注孩子的一举一动，以为这就是对孩子的爱。

其实不然，这样会阻碍对孩子独立性的培养。孩子在父母规定的范围内活动，缺乏了自主性，养成了依赖性，不能按照自己的意愿做事，这必将引起孩子不满，造成亲子关系的不和谐。

= 问答 =

## 父母小课堂

**我们知道陪伴孩子的重要性，但我们夫妻工作比较忙，要陪伴孩子，是否必须有一个人全职在家带孩子呢？**

通过生活中点点滴滴的小事，父母就可以与孩子交流、沟通，对孩子表达关爱，并不一定非要寸步不离地陪着孩子。可以在每天下班后陪孩子一起做一会儿游戏，搭搭积木，看看电视或者晚饭后带孩子去公园散散步等。这些日常陪伴都会给孩子的童年增添很多乐趣，让孩子感受到爸妈的关爱。

**我是全职妈妈，整天都围着孩子转，可还是感觉孩子跟我不亲密，这是什么原因呢？**

我们所说的“陪伴”，不只是需要有“陪”的形式，还要有“伴”的实质。如果父母表面上陪在孩子身边，却不能及时给予孩子情感上的回应，不参与孩子的游戏活动，同样无法取得陪伴的效果。因此，在陪伴孩子的过程中，父母要全身心地投入，积极回应孩子的问题，参与到孩子的游戏中。

第二章

# 理解尊重，温暖孩子的心

扫码体验音频讲读

## 理解孩子，<br>做孩子最好的朋友

墨墨今年七岁了，他的爸爸是一家大企业的领导。从前，爸爸对墨墨很严厉，不是大吼大叫，就是经常板着脸。因此爸爸一回家，墨墨就刻意躲着他，根本不愿意跟他说话，渐渐地，墨墨与爸爸的关系也就变得疏远了。

后来，爸爸发现这种教育方式存在很大问题，于是就改变了对孩子的态度。他开始找机会就陪孩子聊天，节假日还带墨墨去郊游、看电影、逛街、跑步……虽然开始时，墨墨对爸爸有很强的抵触情绪，但久而久之，墨墨就开始愿意跟爸爸交流和玩耍了。

现在，爸爸与墨墨的关系就**像朋友一样亲密**。有时候，墨墨会很随意地把手搭在爸爸的肩膀上，两个人在一起聊天时也是天

马行空，无话不谈。夏天，爸爸会带墨墨去游泳；冬天，爸爸会跟墨墨一起堆雪人、打雪仗……

每天晚上，爸爸会给墨墨讲故事，谈谈当天所发生的一些事情，一起玩游戏，直到墨墨进入甜蜜的梦乡。

父母与孩子之间的摩擦在很多家庭中都屡见不鲜。之所以会发生这样那样的冲突与不和，主要是因为双方的心理差异所致。

父母都想在孩子心中树立一个良好的形象，并且极力维护作为父母不可侵犯的威严；而与此形成鲜明对比的是，孩子希望父母不要轻视自己、贬低自己，希望可以与父母成为朋友，得到父母的认同与肯定。

正是这两种心理的较量与冲突，导致有些父母与孩子的关系变得很僵，甚至势同水火。

## 像朋友一样与孩子相处

知心姐姐卢勤曾经说：“**没有朋友的童年是不幸的。**对于这一代独生子女来说，他们孤独的心理比任何一代人都强烈，他们求友的欲望比任何一代人都迫切。”

一项调查显示：孩子心目中的好父母要能经常与孩子沟通；能与孩子成为朋友，无话不谈；当孩子面对问题与困难时，父母能帮助他解决问题；父母甚至能成为孩子同甘共苦、患难与共的朋友。

一位家长曾说：“其实，爸爸并不是孩子的老师，从某种意义上来说，父母与孩子的年龄是一样的。因为只有当孩子出生时，他才有机会成为爸爸或妈妈。此时，孩子是一岁，而做父母也只是一岁。父母唯有与孩子共同成长，共享喜悦与忧愁，共同感受幸福与痛楚，父母与孩子在一起才能发掘崭新的自我。”

事实上，当父母与孩子在一起时会发现，自己也仿佛年轻了许多，仿佛回到了无忧无虑的孩提时代。的确，在孩子的身上，你看到的不是升职、加薪、股票与基金，而是天真、幼稚、可爱与童心。

其实，做孩子的朋友不是年龄的问题，而是态度的问题。只要父母能保持一颗童心，表现出足够的诚意，尊重与重视孩子，像朋友一样跟孩子交流，就会被孩子接纳，得到孩子的认同与欢迎。

## 与孩子分享快乐与忧愁

朋友之间，需要互相信任，推心置腹。爸爸要想成为孩子推心置腹的朋友，就要学会跟孩子无话不谈。而在现实生活中，大部分父母更愿意与孩子分享自己的喜悦，却不愿意与孩子分担忧愁。原因很简单：大人的事，孩子不懂。

一天傍晚，荣荣看到爸爸有些不高兴，于是问爸爸："爸爸，您有什么不开心的事吗？您可以告诉我，让我帮您分担一点。这样，说不定您就会开心一些了。"爸爸严厉地回答："不用你管！大人的事，你一个小孩子少问！"

荣荣心想："哼！少拿大人来压我！我替你分担忧愁难道错了吗？不说算了，我还不想听呢，以后我有什么事，也别想让我告诉你。"

所以，父母不但要把快乐的事情告诉孩子，让孩子与你一起分享，也要把一些烦恼、不开心的事说给孩子听听，让他体会到大人的一些烦恼与忧愁，让孩子学会理解他人。如果能做到这两点，那么孩子也会更积极地告诉父母自己对事物的感受和理解，如此一来，父母就能走进孩子极为敏感的内心世界，也就能更有针对性地引导与教育他。

## 谈孩子感兴趣的话题

林华的爸爸是“80后”，他经常对六岁的林华说：“你知道吗？我们小时候看的动画片都很好看。像《忍者神龟》《金刚葫芦娃》《黑猫警长》等，都是很经典的动画片……”

林华对爸爸所谈的话题根本不感兴趣，打断爸爸说：“爸爸，你说的这些动画片，我一个都没看过。你能不能跟我说一些我比较感兴趣的话题。我想，你应该先看一下《熊出没》，因为我更喜欢看这个动画片。”

如果父母只是用自己所喜欢的话题跟孩子沟通，不考虑孩子的感受，就会很容易引起孩子反感与烦躁的情绪，更不用说成为孩子的朋友了。

## 站在孩子的立场考虑问题

王丽萍的女儿小艳放学回家后，抱怨老师当着全班同学的面对她大声斥责。王丽萍听后双手叉腰，用质问的口气说："你干什么坏事了？"小艳瞪起眼，很生气地说："我什么也没干。""不会吧，老师不会无缘无故地斥责学生。"小艳重重地坐在椅子上，一副不开心的样子盯着妈妈。

王丽萍感觉到，如果这样僵持下去，母女之间一定会对立起来，什么问题也解决不了。此时，王丽萍改变了态度，她用一种友好的语气说："**你当时肯定觉得很尴尬**，因为老师在全班同学面前批评你。"小艳有些怀疑地抬头看了妈妈一眼，王丽萍接着说："记得我上四年级时，有一次只是在数学考试时站起来借了一块橡皮，老师就批评我让我下不了台。我感到十分委屈。"

小艳露出轻松的样子，回应说：

“真的？我们老师今天讲解上周的测验卷子，我忘带了，想和同桌一起看卷子，老师就批评我，不公平。”

“是这样。但你能不能想出办法，今后可以避免这种尴尬的局面呢？”

“以后我每天上学前检查一下东西带齐了没有，那样就不用向别人去借了，还打断老师讲课。”

“这个主意不错。”

由上例可知，作为合格的父母，必须要学会站在孩子的角度看问题，**要尽最大的努力去获得孩子的信任，**才会避免亲子关系中的抵触和逆反，获得相互的理解和沟通。

有些父母对孩子总是很独断，过于强调自己的观点与尊严、面子，不顾及孩子的想法。这样的父母认为自己从来都是对的，而孩子永远都是错的。但这样做，不仅得不到孩子的认同，还容易引起他们的反感和对抗。

## 丢掉对孩子的偏见

有些父母会因为孩子的某些行为而给他们贴上各种各样的标签，成绩不好就是“笨孩子”，打破一个东西就是“熊孩子”，这样的偏见反而会让孩子朝着你所说的那个方向发展。

在亲子综艺节目《妈妈是超人3》中，有一期贾静雯把零食放在扫地机器人上，让孩子自己去拿。结果对扫地机器人非常恐惧的孩子，突然大哭起来。

贾静雯并没有因为孩子的表现而给她贴上“胆小”“没用”的标签，她知道小孩子心里面有时候会创造出一些让自己恐惧的东西，所以就一直耐心地引导孩子与扫地机器人互动，帮助孩子克服恐惧心理。

丢掉偏见，才能对孩子有一个更客观的认识。

## 蹲下身来，从孩子的角度看世界

一个小女孩坐在钢琴前很流畅地弹着一首曲子，弹完之后，在她身后的爸爸一边鼓掌一边说：“小美，再来一遍！”

转过身来的小美并没有面带笑容，反而是一边用手抹着眼泪，一边说：“我又没有弹错，为什么要再弹一遍？”

出现这样的反差，是爸爸跟小美看问题的角度不同造成的。

在爸爸心里，让小美再弹一遍是因为她弹得好，这是鼓励和赞扬。但小美之前就因为弹错被多次要求重弹，因此此时爸爸的这种“鼓励”，在她心里就变成了惩罚。

大人都有自己固定的思维，在对待孩子的问题上，也习惯了从自己的角度出发，或者用自己的想法去揣度孩子的心理，去衡量这件事情到底是什么样的。

但是孩子看到的世界跟大人看到的世界，很多时候是完全不一样的。

一个年轻的妈妈带着三岁的儿子看漫画展，她一边欣赏着，一边不停地给身边的小男孩讲解。小男孩的注意力显然不在漫画上，他一会儿用手去拉与自己身高差不多的防护栏，一会儿又两眼直勾勾地盯着一位女士挎包侧边挂的小玩偶。

这时年轻妈妈有些不高兴了，抱怨小男孩看画不专心，还威胁说再这样下次不带他来了。小男孩不是不喜欢漫画，而是看漫画对他来说实在太辛苦了，大人平视就能够看到的东西，小小个子的他要使劲儿仰着头才能看到。

只要这位年轻的妈妈蹲下来，她便能够知道孩子的感受，只是她一直没有这么做。

蹲下来这个简单的动作，能够让**父母从孩子的视角去观察孩子所处的世界**，进而体会孩子的心情，同时能够消除孩子因为仰视而带来的压迫感，减少他们的抵触心理，这样解决与孩子之间的问题也会更加容易和顺利。

## 体会孩子的心理感受

**父母应该把自己当作孩子，**以孩子的角色去体验他们的感受。

比如很多孩子爱拆新买的玩具，而每次他们都会遭到家长的训斥。

下次在要训斥孩子的时候，不妨想一想，如果你是那个刚刚拿到新玩具的孩子，你的第一反应是什么？

一个有探索欲和好奇心的孩子，拿到新玩具后的第一反应，就是要了解玩具的构造，要了解那就要拆开。所以，此时的指责只会破坏孩子的好奇心和探索欲。

父母可以慢慢指导孩子，让他了解新玩具的构造，并且一起动手把它修理好。这样孩子会有一种成就感，同时也明白自己弄坏的东西是需要负责的。

从心理学的角度看，任何人做任何事情，在他自己看来都是有理由的。孩子的行为在他自己看来，也总有他自己的理由，只不过有些理由在成人看来是不对的，或者说是不成立的而已。

例如，幼儿阶段的孩子，还没有明确的物权观念，还分不清哪些东西是属于自己的，哪些东西是别人的，认为所有的东西都是自己的，拿了别人的东西也不知道这是一种不好的行为。如果父母这时将孩子当成是一个心智成熟的成人来要求，认为他这是小偷行为，就会在孩子的心中留下阴影。

在制止孩子不受欢迎的行为时，父母先不要责备或羞辱他，而是应当试着向孩子说明他能理解和接受的认知，再用积极的方式向他提出建议。还要让孩子知道，我们期待他改变行为，维护孩子的自尊和自信，并让他感觉到爸爸妈妈是相信他的，这样做才是真正的尊重儿童。

比如，当和孩子一起去别人家做客，孩子想玩桌上的易碎品时，父母可以这样说：

"你非常喜欢阿姨家的这个花瓶吧？
可惜它太容易碎了，
如果碰坏了，
阿姨会伤心的。
我们还是看看就好了。"

当然，理解不等于赞同，**理解是设身处地地将心比心**。如果父母能经常回忆自己的童年，遇到问题时就容易理解孩子的心情了。

比如，孩子在跳皮筋跳得正来劲时，父母非得让孩子马上回家，孩子的嘴就会噘得老高。为什么？因为她刚跳完一轮儿，应该给别人拽皮筋了，这时候走开，小朋友就会对她不满；假如好不容易轮到该她跳了，而父母此时却把她叫回家，她心里也会不满。

如果家长理解孩子的这种心情，说："再玩几分钟就回家。"孩子有了思想准备，告一段落后就自觉不玩了，心里的不平衡也就得到了解决。

儿童心理学研究表明：当孩子受到某种不公平的待遇或情绪上发生了较为明显的变化时，他们最需要得到父母的安慰与理解。

一天，十岁的杨志一回到家，就向爸爸诉苦："我要跟陆建绝交。真是气死我了，他居然把我的电动汽车给弄坏了。哼，以后他休想再碰我的玩具。"

爸爸听后说："噢，原来是这样呀。我想，你一定很难过，很生气。"

杨志说："是的。爸爸，你不记得了？这辆电动汽车是你上次去日本出差时给我买的，很有纪念意义的。"

爸爸安慰杨志：“爸爸很理解你现在的感受。换作是我，我也会像你一样难过。不过，孩子，你也不要太难过了，我想陆建也不是故意的。再说，玩具坏了，还可以修理，要是修不了，爸爸还可以给你买一个新的。但是，如果你跟陆建的友谊出现了裂痕，是很难修复的。为了一个玩具而跟陆建绝交，你觉得值得吗？”

杨志想了想，说：“爸爸，谢谢你！我知道自己该怎么做了。”

杨志爸爸的做法值得学习。如果爸爸只是站在自己的立场，说：“你就为这点小事，发这么大脾气，真是给我丢人。”那么，杨志不仅会听不进去，还会产生抵触与逆反情绪，使本来很简单的问题变得更为复杂，处理起来也就更棘手。

理解孩子的家长经常是用商量的口吻与孩子对话的，努力做孩子的朋友，交谈时目光平视，语气委婉，总是让孩子有思考的时间和表达的机会；理解孩子的家长，会站在孩子的立场上，以孩子的眼光看待自己的要求，支持孩子的正当要求，与孩子同喜、同忧、同乐，心灵相通，情感交融；理解孩子的家长会经常给孩子的“错误行为”找个正当的理由，让孩子有为自己的事做决定的机会，让孩子有生气和恼火的权利。

**“理解”能建立孩子的自尊，**让他能感知别人，相信自己有能力与别人沟通，并感受彼此沟通带来的能量，进而由理解而体会到真正的爱。

## 善于听懂
## 孩子的弦外之音

有时候，孩子不会直截了当地说出自己的想法，父母要善于倾听孩子的弦外之音，了解孩子的真实想法，这样，才能使父母与孩子的交流更顺畅。

在日常生活中，父母经常遇到下面这些情况：

“妈妈，抱抱。”孩子有点委屈地一边对妈妈说着，一边扑到妈妈怀里。而妈妈却一把推开孩子：“你都多大了？还要妈妈抱呢，多丢人啊。”却没有看到孩子眼里的泪花。

“妈妈，我今天和朋友一起骑车了，他的那辆自行车是新买的，可酷了，我的车已经小了，骑上去怎么蹬都追不上他。”可是妈妈却在厨房里忙碌着，应付孩子说：“这事以后再说啊，妈妈先做饭。”

“妈妈，你看这是我这周的小测验，考了95分！”孩子高兴地说。可是妈妈开口问孩子的话却是：“班里谁考得好啊？最高分是多少啊？你可要向人家学习。”

……

孩子明明想得到妈妈的关注，却被妈妈忽略了，甚至妈妈说的话还伤害了孩子的心。

孩子对妈妈求抱抱，是因为孩子的内心受到了伤害，想从妈妈的怀抱里得到安慰和关心。因为对于孩子来说，**世界上最能得到安慰的地方，就是妈妈温暖的怀抱了。**

可是妈妈却以为孩子在撒娇，拒绝安抚孩子的情绪，这更加激化了孩子内心的伤感。

孩子想通过对别人的自行车的描述，来引起妈妈对自己自行

车的关注，想让妈妈给自己换一辆。可是妈妈却只顾着忙自己的事情，对孩子的回复很敷衍。

换句话说，妈妈对孩子的事情不上心，才是对孩子真正的伤害，因为对于孩子来说，妈妈的态度比事情本身重要。哪怕妈妈不给孩子买自行车，也要对孩子的事情表现出孩子所期待的重视。

有的妈妈看不到自己孩子的努力和付出，看不到孩子的成长，一味地拿别人家的孩子来比较自己的孩子，也会让孩子难以接受。本来孩子取得了好的成绩，兴致勃勃地希望能够得到妈妈的夸奖，结果得到的却是批评和说教。孩子的心里该是多么失落啊！

从上面的三个例子，我们就可以看出来，妈妈并没有理解孩子说话的弦外之音，更没有关注到孩子的情绪。上面的三位妈妈对待孩子的态度永远以说教为主，这样的后果就是孩子越来越不愿意和家长谈心，也不愿意和家长分享自己的喜怒哀乐。

当孩子感觉到自己不被妈妈理解和重视的时候，叛逆的心理就会油然而生。其实换成父母也是一样，自己辛苦了一天得不到重视和赞赏，心里也会不舒服，甚至还会对孩子和家人发脾气。所以关注家人的心情和说话的真正含义很重要。

作为称职的父母应善于倾听孩子的弦外之音，这样才能从孩子的倾诉中真切地感受孩子的喜怒哀乐，真正了解孩子在想些什么，要求什么，希望什么；这样才能真正领会孩子的意图，有效地用父母的体贴去化解孩子的烦恼，营造出充满爱意的温馨家庭氛围。

一天，华华妈妈接华华放学的时候，华华说：“妈妈，今天老师选学习的小组长，选上我了。因为老师说了，要选学习好的学生做小组长。”妈妈听了微笑着摸了摸他的头：“嗯，看来你在班里的学习成绩不错呢。不然老师也不会选你。”

华华有点不好意思地笑了。

妈妈接着又对他说：“你看，现在你是学习小组长了，要负责检查同学的作业，那么首先你要起到带头作用，就是把自己的作业写好。给自己小组的成员做一个好榜样，是不是？”

华华点了点头，果然，从此以后，华华的作业写得很仔细，也很认真。**因为妈妈明白了华华对她说这番话的意思**：老师让我当小组长，证明我学习好。

而妈妈也利用了孩子的这个心理，加强了他对自己学习的认知，同时更利用了“配套心理”的原则，让他感觉到自己做了小组长，一定要让自己各方面配得上这个职位，来引导华华对自己的严格要求。

“配套心理”源于“狄德罗效应”，说的是18世纪的法国有一个哲学家叫丹尼斯·狄德罗，有一天他的朋友送了他一件很华贵的睡袍，当他穿着这件睡袍在自己的家里行走时，发现家里的东西和这件睡袍很不相称：地毯很粗糙，家具很破旧等，为了让家里的东西配得上自己身上的这件睡袍，于是狄德罗把家里的旧东西都换了，配上了睡袍的档次。后来他发现自己竟然“被一件睡袍胁迫了”。

后来美国哈佛大学经济学家朱丽叶·施罗尔提出了“配套心理”，即人们在拥有了一件新物品后，总是倾向于不断配置与其相适应的物品，以达到心理上的平衡。

父母要学会去倾听孩子内心的声音，然后给孩子一定的心理预期，并且可以利用“配套心理”，对孩子的行为进行引导和鼓励，逐渐改变孩子对自己的认知，提升孩子的修养，让孩子的内心变得更加强大。

那么，怎样才能更好地倾听孩子的弦外之音呢？下面介绍的几种方法，可以作为父母们的行动参考。

## 向孩子显示你正在听他讲话

孩子向父母诉说时，父母的关注表示父母对孩子的尊重，表示**父母愿意分担孩子的想法和感受**。当孩子开口向父母讲话时，父母应停下正在做的事情，转向他，保持目光接触，并仔细地听。同时还要通过点头或不时地“嗯……是的……”等来显示父母对他的注意。

## 告诉孩子你所听到的以及你的想法

不时地总结、重述或复述孩子所讲的关键内容，包括他的感受以及导致这种感受产生的情境原因。仅仅倾听和理解是不够的，父母还必须用语言对他所说、所想及所感的事情作出反应。但尽量不要逐字地重复孩子的话，应使用相似的语言来表达相同的意思。

## 对孩子的感受进行确认

在仔细听取孩子的诉说并观察其面部表情后，要对孩子的感受进行猜测并试着确认。如果第一次的猜测不正确，那就再试一次。讲话时要尊重孩子，保持冷静，且语速要缓慢。当猜测不正确时，应鼓励孩子帮助父母纠正。

只有在帮助孩子确认其感受之后，父母才能对孩子提出忠告、建议或教他以不同的方式看待事物。如果父母先给予评断，那将会妨碍孩子努力去表达自己的感受。

## 与孩子平等交流，而不是训导

周日中午，林林的父母带林林去饭店吃了一顿大餐。到了晚上，林林由于肚子不饿，不想吃晚饭，妈妈也担心他晚上吃多会不舒服，就没有强求林林吃饭。

可到了睡觉的时间，林林忽然说："妈妈，我肚子有点饿。"妈妈有点生气地说："你看你，该吃饭的时候不吃，那就饿着吧！"

妈妈转念一想，孩子当时不吃是因为确实不饿。现在饿了也是实情，自己不能这么残忍地不顾及孩子的感受。于是，妈妈重新跟林林进行了对话："你这时肚子饿了呀？那以后该吃饭时要好好吃饭哦。那现在就先喝杯纯牛奶，再吃半片面包，好吗？"

林林这时也自觉理亏，乖乖地答应了。母子二人并没有因为这件事而发生不愉快。

父母要时刻站在平等、理解、尊重的角度去和孩子沟通，孩子从小在这种沟通氛围中长大，将来在工作、生活中处理问题自然也会变得游刃有余。

很多父母总是有下面这些疑问：

**“为什么我无法和孩子沟通呢？”**

**“孩子怎么越来越气人呢？”**

**“为什么孩子上学后，我说啥他都听不进去了呢？”**

语言，是父母与孩子情感沟通的纽带和桥梁；是父母控制和调整孩子行为的媒介。难怪一些父母苦恼、焦急，试想父母的话如果不再被孩子所接受，父母又怎么来教育他们呢？又何以履行父母的职责呢？

随着孩子的成长，父母与孩子之间谈话的内容及交流方式，也在发生着变化，从中也可以看到两代人之间心理距离的变化。

父母一般很少向孩子透露自己的内心世界，只习惯于做一本正经的训导，但反过来却要求孩子向自己袒露一切。这种不平等的要求，当然不可能取得好的效果。

父母有没有注意到自己在同孩子交谈时所用的语气？孩子有时会问：“您是不是生气了？”你绷着脸说：“没有。”然而你脸上的表情和语调却表示出你在生气、愤怒。孩子是非常敏感的，他们能很快地分辨出，你在讲话中所要传达的真正意思和态度。而成年人却往往并不敏感，没有意识到自己在同孩子讲话时运用了不同的语气，更没有考虑这种语气对孩子的心理与行为所起的独特作用。

父母总是希望能利用一切机会向孩子灌输道理，有时态度可以说是友好的，但因为灌输的内容与孩子的思想有差距，孩子并没有听进去。

如果在孩子还小的时候，父母就有意识地培养一种与孩子间的平等的交流关系，这种交流的大门便会始终敞开。这种交流取决于父母是不是尊重孩子，即使在意见不统一的时候。**孩子有自己的思想，**而从小由于某些原因没有和父母在一起相处，或者没有经常交流的习惯，那么今后这扇大门有可能永远关闭。

为什么要强调和孩子“平等”交流呢？因为不平等的交流会让孩子自卑、逆反、孤独……因为父母面对的是一颗稚嫩而天真的心灵，是一片需要用心开发和播种的土地，稍有偏差，不仅会使孩子的语言表达能力受到影响，而且会给孩子的心理带来伤害。

## 蹲下来和孩子说话

在与孩子的沟通中，很多父母都忽视了这三个字——蹲下来。一方面，从外表来看，父母那么高，孩子那么矮，抬头看着父母，孩子多累啊；另一方面，在强势的父母面前，孩子那么弱小，想要平等交流，首先父母要和孩子“一般高”，这样孩子才会放下压力和父母进行有效沟通。

蹲下来，会让孩子感受到与你的距离更近，不需要很累地仰视你，也会感到与你平等，这时候孩子的心理压力也会减少，也会感受到家长的爱，所以更愿意分享和诉说自己的想法，一个耐心的眼神和平等的高度，会让孩子感受到更多温暖。

蹲下来与孩子面对面，温和地与孩子沟通和了解情况，和孩子有眼神交流，也会让原来喜欢分神的孩子更能集中注意力，认真地和家长说话，而不是边说话边想着其他事情，或者眼睛四处乱看，不认真说话。

## 说话时注意语言表述

父母在家里如果希望孩子帮忙分担家务的话，应尽量多用礼貌用语："请你帮妈妈倒杯水好吗？"然后，礼貌地说声："谢谢！"如果粗暴地说："赶紧去给我倒杯水来。"这时孩子感觉自己就是一个工具，完全没有动力，还会感觉自己不被尊重。

父母在和孩子沟通时，要**多用鼓励性和积极的语言**，避免命令式的、禁止性的和讥讽性的语言。有些父母容易忽视对孩子说话的语气和方式，很自然地以家长的身份和口吻对孩子说话，言谈间充满了命令和权威。

比如把“不准”“不要”时常挂在嘴边，或者很生硬地对孩子说：“你应该……”这样的沟通会让孩子觉得不舒服，时间久了孩子会对与父母交流产生抗拒心理，产生了代沟，想要和孩子融洽地沟通会越来越难。

父母在和孩子交流的过程中，尽量不要自顾自地说，要注意孩子的反应和态度，还要调动孩子表达的欲望。如果只是父母自己滔滔不绝、高谈阔论，孩子没有插话的机会，一来孩子的语言表达能力得不到锻炼，二来孩子会产生厌倦心理，在交流中难免不专心。

## 给孩子和自己平等讨论的权利

父母和子女之间在人格上是平等的，孩子不是我们的附属品，而是独立的个体。况且，父母不可能什么都正确，孩子的想法和观点也有值得父母借鉴的地方。

所以，不要把自己的想法和观念强加给孩子，当与孩子的想法有分歧时，可以通过平等讨论的方式来消除分歧。即便孩子的想法是错误的，也要用商量的口吻、柔和的态度来引导和教育孩子，切不可居高临下、生硬训斥。

## 注意无声语言的运用

每个人都渴望爱，渴望被人关心、被人信任，孩子更是如此。他渴望生活在一个温暖、幸福的家庭里，渴望拥有理解他、信任他、爱他、像朋友一般的父母。与孩子沟通时，不仅要靠有声、有形的语言和动作，更多的是来自**无声的心灵交流**。

大人的眼睛是孩子的一面镜子，孩子通过这面镜子来决定自己的行动，决定是否与父母沟通和交流。父母应充分利用这面镜子，让孩子既看到鼓励、关注、爱心，同时也要让孩子看到批评、指导和教育。

父母若能以一种温和、平等的方式与孩子进行眼神接触，再配合适当的语言，便可以将爱与教育完美地结合在一起，让孩子在父母的视线里逐渐变得快乐、自信，进而健康成长。

## 尊重孩子
## 是父母最好的教养

父母要学会尊重孩子，因为只有尊重孩子的父母才会赢得孩子的尊重，才会受到孩子的欢迎。

育儿书《婴语的秘密》里提到一个观点：尊重孩子，即便他只是一个襁褓中的婴儿。

这本书的作者特雷西·霍格，曾被邀请去咨询者家里演示如何照顾新生儿的时候，她做的第一件事就是抱起出生才几天的婴儿，自我介绍说："你好，我是特雷西。"

显然，特雷西完全是把对方当成一个平等的成人去看待的，而不是将其当作一个什么也不懂的新生儿。

一位妈妈说，在吃饭问题上，她给孩子定了很多规矩，比如饭前要洗手，吃饭时不可以玩玩具，必须在饭桌上吃饭等。

孩子会点头说好，但真正到了吃饭的时候却不奏效了，孩子要么是不肯洗手，要么就是洗完手又去拿玩具，怎么说都没用，只能强行从孩子手上把玩具抢下来并把孩子按在餐桌椅上，孩子才会老实一点，但随之而来的还有孩子无休止的哭闹声。

父母强行拿走玩具就相当于在告诉孩子：解决问题的时候不需要任何沟通和尊重，直接动手抢就可以了。

下次遇到类似情况的时候，孩子也会二话不说，从别人手里把玩具强行抢过来。很多父母看似掌握了很多和孩子沟通交流的技巧，却偏偏忘了这一切的前提是尊重孩子，把孩子当成一个成年人去看待。

成年人的世界讲究合作与沟通，一般都会事先沟通，提前询问，然后达成共识，其实和孩子也是一样的，如果父母把他当成合作伙伴一样去对待，那么孩子也会像一个成人一样与你合作。

在吃饭前十分钟父母就应该告诉孩子：快吃饭了，应该洗手了。孩子就会提前有个准备，即使到了时间还没有去洗手，只要父母再次重复一遍，孩子也会更容易接受。

至于洗完手后又去拿玩具，这是再正常不过的事情了，孩子还没有形成一套成熟的自我控制系统，洗完手又看到可爱的玩具忍不住也会摸一摸，那么此时父母可以蹲下来，看着孩子并告诉孩子：吃饭时不允许玩玩具，来，把玩具给妈妈。引导孩子主动把玩具交出来。

也许孩子不会配合你，甚至扭过头，那么可以继续重复规则，并将孩子此时的想法表达出来：宝宝现在就想玩玩具，是吗？等孩子的眼神与你对视的时候，再次重申规则，如此重复，直到孩子把玩具交出来。

整个过程，没有强行制止，也没有刻意说教，只是像同大人说话一样与孩子沟通，孩子自然也会欣然接受你的提议。

因此，教育孩子**首先要学会尊重孩子**。父母要学会尊重孩子的意见，要尊重孩子的想法，不要将自己的想法强加到孩子身上；要尊重孩子的隐私。

## 尊重孩子的人格

孩子的自尊心很容易被父母忽略，家长有时甚至自己侮辱了孩子的人格还浑然不知。孩子虽小，但是也有自己的人格，孩子和父母在人格上是平等的，所以家长要尊重孩子的人格。

凡凡的爸爸是个很要强的人，对孩子的要求也高，总是希望自己的孩子比别人强。凡凡五岁的时候，爸爸就教他背古诗，他背不下来，爸爸就会批评他，说他太笨了。

慢慢地，凡凡变得不自信了，每次爸爸批评他，他都是低着头不说话。一天，爸爸的同事来家里玩，爸爸让凡凡给大家背首诗，他只背了两句就忘了下面的了。凡凡自己在那里低着头，小声地说："我太笨了。"

爸爸生气地说："我怎么生了你这么笨的孩子，要是件东西，我早就扔掉了。"

孩子犯了错误，家长不应该用语言侮辱孩子，也不应在外人面前指责孩子，要给孩子留些面子，尊重孩子的人格。

## 尊重孩子的兴趣

兴趣是孩子成长和发展的催化剂，也是孩子前进的动力。父母不要将自己的梦想强加到孩子身上，要让孩子在兴趣的基础上发展自己的特长。

许多父母都希望孩子有一技之长，所以常会在没得到孩子许可的情况下为孩子报很多兴趣班，这样做会引起孩子的逆反心理。

如果父母尊重孩子，让孩子发展自己的兴趣，孩子得到了来自父母的理解和尊重，也会回报给父母信赖和感激。这样有利于孩子特长的培养，也有利于孩子的健康成长。

## 尊重孩子的选择

孩子的自主性一般体现在孩子的选择上，但是很多父母怕孩子的选择不正确，不给孩子选择权，而是按照自己的经验来为孩子作选择。这是父母不懂得尊重孩子的表现，这样做的后果是：孩子永远学不会选择。

父母要舍得放手，**让孩子自己选择，**在孩子选择的过程中，父母可以给孩子分析各方面的情况，让孩子充分了解自己选择的利弊，让孩子在了解了情况之后再作决定，而不是简单地替孩子作决定。孩子在认真考虑之后作出的决定，父母就更应该尊重，千万不要轻易否决。

## 尊重孩子的需求

孩子的需求表现在学习、交往、物质、情感等多方面。只要孩子的需求是合理的，父母就应该尽量满足，特别是情感上的需求。如孩子希望父母能坐下来，和自己一起分享某种快乐，那么父母不管有什么事，都不能找借口推搪。不过，对于一些物质上的需求，可尽量让孩子通过努力来实现，这样孩子才会珍惜来之不易的东西。

## 尊重孩子的创造

常听见父母这样抱怨："这孩子怎么这么不听话，非要把好东西变成废物。"父母要知道，类似这样的抱怨，很有可能把一个天才给扼杀了。很多心理学专家都指出，创造力强的孩子一般都是不顺从、不驯服的，所以，生活中要**多包容孩子的"捣蛋"**，对孩子的与众不同、标新立异和突发奇想要多鼓励，因为这样可以保护孩子的想象力，激发他的创造力。

比如，一个三岁的孩子在用颜料涂鸦的时候想用蓝色画一个太阳，那么家长当然应该尊重孩子的想法，而不是非要孩子画一个红色的太阳。

## 呵护孩子，幼小的心灵最怕伤害

有些父母认为，孩子什么都不懂，怎么讲道理都是白搭，不如命令干脆、明确。也许孩子在三岁以前的确难以明白事理，但是父母完全可以通过相应的表情、手势、语气语调，使孩子从父母的表情中察觉到怎样做是对的，怎样做是不对的。三岁以后的孩子就容易明白是非了，到时只需把道理讲清楚即可。

有些父母认为小孩子心思简单，即使挨批评了，就像跟小朋友们打架似的，过一会儿就都忘了。其实不然，孩子的心思既敏感又脆弱，且极易受到伤害，他很清楚内外之别。小朋友之间一般不会计较，但对父母的言行举动却很在意。假如父母动辄恶语指责，且不说明道理，或者明知自己无理，孩子有理，也决不向孩子低头道歉，反而执意要孩子按自己的想法去做，便会对孩子的心灵造成极大伤害。

重压之下的孩子口服心不服，长此以往，孩子或许会产生强烈的逆反心理，父母说什么都不爱听、不愿做，脾气倔强；或者被吓得畏畏缩缩，服服帖帖，凡事没有主见。

不同的孩子是有差异的，有的孩子高，有的孩子矮；有的孩子灵活，有的孩子迟钝。让我们每个人对自身的一切都能如愿实在很困难，更何况孩子呢？孩子很容易感受外界给他的评价，所以父母的育儿工作之一便是维护孩子幼小的心灵。

**维护孩子的心灵，要从细微处下功夫，**尤其是在公共场合，更要细心呵护，因为孩子的心灵是非常脆弱而敏感的，若把他看成不懂事的孩子任意去批评、指责，刺伤孩子的自尊心，那孩子就容易产生自卑、退缩、紧张，甚至憎恨、敌对情绪。

父母要多关心孩子内心的冷暖，多给孩子一些微笑和关怀的

眼神，多给孩子一些理解和支持，多用肢体语言（如摸摸头、拍拍肩等）关心他们。

一天，九岁的娜娜突然有了写诗的雅兴。从来没有写过诗，更不知道如何写诗的她，在晚饭后顾不上看自己喜欢的动画片，趴在桌子上冥思苦想后写下人生第一首诗《太阳》：

**太阳，如果一旦失去你**
**就没有天上飞的鸟，地上跑的兽**
**太阳，你和所有的生物的生命都密切相关**
**如果失去了你，花儿枯萎，鸟儿遭殃，人类也无法生存**
**太阳，你为人类作出了贡献，人类永远也忘不了你**

当她兴致勃勃地把这首毫无章法的诗拿给爸爸看时，爸爸却没有像有的家长那样随便夸几句敷衍了事，而是大声朗读了一遍，然后大声称赞她："我的女儿第一次写诗，就写得这么好，真棒，相信你以后一定会写出更好的诗来！"

第三天，爸爸把这首诗一字未改地贴到了为娜娜制作的网页上，让登录她网址的人都能看到娜娜的第一首诗。爸爸还对娜娜说："这是你真实的成长记录，谁都不是天生就会写诗，那些大诗人生平的第一首诗，说不定还赶不上你写的呢。"

娜娜听了很开心，后来陆续又写了好几首诗，每次爸爸都要加以评价，当然表扬的多，赞赏的多，纠正、引导的工作尽量做到“无痕”。

娜娜说，得到爸爸的赞赏，她的心里总是美滋滋的，会觉得写作真是一件快乐、开心又轻松的事情，自己真的是很棒！

假想一下，如果娜娜把她写的第一首诗递给爸爸的时候，爸爸皱着眉头说：“这是什么破诗啊，这也叫诗，不会写就别瞎写！”这样下去即使孩子有兴趣再写第二首诗，她也绝对没有兴趣再给爸爸欣赏了。

赞赏就如肥料，撒在孩子的心田里，孩子的自尊心和自信心因此得以茁壮成长。

美国的詹姆斯·杜布森博士对儿童有其独特的研究，他说过这样一句话："有千百种方法可以让孩子失去自尊心，但重建自尊却是一个缓慢而困难的过程。"

所以，在平时的生活中，父母要用心呵护孩子的自尊心，给孩子一个健康和充满信心与力量的童年。

## 女孩脆弱，男孩也很脆弱

很多父母会认为，女孩的心灵往往比较脆弱，需要用心呵护；而男孩就不同了，男孩脸皮比较厚，心理抗压力比较强，不需要用心去呵护。

然而事实上，男孩的自尊心也很脆弱，只是受社会环境因素和个人性格特征的影响与制约，他们不愿意把自己脆弱的一面表现出来。

英国精神病专家瑟巴斯汀·克莱默在《脆弱的男人》一文中指出："男孩在婴幼儿时期，面临着更多的心理问题，因而他们需要特别的关照。"

另外，克莱默还提出："人们看不惯男子汉的软弱，男人在任何时候都不能表现出脆弱的一面。所以，小男孩的压力也不小，他们更加敏感，在两岁以前，他们的很多天性和本能就被压制住了。"

由此可见，男孩的心灵也很脆弱，也很容易受到伤害。所以，父母应该摒弃世俗的观点和陈旧而错误的教育观念，不论是男孩还是女孩，父母都需要理解和支持他们，用心呵护他们幼小的心灵，保护他们脆弱的一面，这样才能使孩子变得更加出色和优秀。

## 不挖苦，不贬低

刚出生的孩子，吃饱穿暖，及时更换尿布就能心情愉悦。随着一天天长大，孩子逐渐有了其他要求：希望被关怀，希望有尊严，希望得到重视和尊重；挖苦嘲讽会让他们感觉被轻视，会让他们稚嫩的心灵受到伤害。

牛牛期中考试没有考好，当妈妈拿到成绩单时，说："十道填空题居然只写对了一半，你还没笨到家！"

有些父母就像牛牛妈妈一样，孩子有困难时，不但不做孩子强大的后盾，还尖酸挖苦；孩子有了进步也不表扬，反倒是冷嘲热讽。采取这样做法的后果往往是事与愿违。孩子长时间受到父母的挖苦讽刺会变得很自卑，甚至再也没有上进的意愿，父母的挖苦像一盆冷水，把孩子心中积极的火焰浇灭。

有时候，也许父母只是说说就算了，可是，对孩子而言，那些带有侮辱、讽刺、挖苦性质的言语，极大地伤害了他们幼小的心灵。久而久之，他们可能会按照父母暗示的言行发展，自卑、软弱、胆小、自暴自弃就会随之而来，同时还会导致亲子之间的争吵、冷漠和敌对。

孩子都特别希望得到父母、老师的肯定和信任，这会给他们带来莫大的自信和动力。所以，在与孩子讲话时，父母要表现出充分的信任。

优优学习弹钢琴，一首曲子来来回回练习了好几遍，依然磕磕绊绊。孩子就像泄了气的皮球，闷闷不乐，妈妈便用信赖的语气说：

“优优，老师说了，只要努力练习，认真练习，一定会弹得很好，**妈妈相信你，你也相信自己，**对吗？”

这无形中就给了孩子自信，让她相信，只有坚持，只有努力，才会获得成功。

## 不贴标签，不比较

当孩子犯错时，不管你多么生气，多么恼怒，都要努力克制自己的情绪，让自己冷静下来，理智地去面对。不要给孩子乱贴标签，比如“笨蛋”“猪脑子”等，这样会给他们带来羞愧感。而且如果孩子已经意识到错误并感到愧疚，你的责骂只会雪上加霜。

等到父母和孩子都心平气和的时候，父母再用尊重、鼓励的语气和孩子沟通，一起分析、反思错误的原因，并进行改正。请记住，给孩子提供切实的帮助比无谓的责骂有效得多。

金涛今年上小学五年级了，成绩一直处于班级的中等水平。期末考试后，爸爸说：“这次你考得怎么样？把你的成绩单拿给我看看。”爸爸一看，金涛每科成绩平均都是80分左右，顿时很气愤地说：“你的学习成绩怎么这么差？你看看邻居家的张国刚，他每科都考90分，你再看看我同事家的孩子，总是考95分……再看看你，你就是不如别人。”

爸爸经常拿别人跟自己比，每次听到爸爸说这样的话，金涛都会感到特别委屈和伤心。

现实生活中，很多父母都会有意无意地拿孩子跟别人比较，如“你看看邻居家的孩子，就是比你懂事”；“你看看你们班的班长，就是比你学习好”；“你看看我同事家的孩子，人家还会拉小提琴呢，你会什么？真是不争气”。

其实，这种拿孩子跟别人比较的做法，不仅起不到很好的教育效果，还严重伤害孩子的自尊心，挫伤孩子上进的积极性，时间长了，孩子就会表现出自卑、消极、抑郁等不良情绪。

每一个孩子都有自己的优点与缺点，也都有自己的长处与不足。所以，父母不能总是拿自己的孩子跟别人家的孩子比较，应该对自己的孩子有一个正确的认识，**理解每一个孩子的差异性，**进而使自己的孩子充分发挥出自身的潜能与特长。

## 为孩子提供
## 全面的精神支撑

所谓精神支撑，就是自我和外部世界之间的适应程度，其内涵包括理想与信念，也包括个性与品质。父母要帮助孩子搭建牢固的心理支撑，在培养孩子的过程中注意对孩子心理个性的保护和培养。

在孩子的成长过程中，他们难免有被同学欺负的时候、被老师批评的时候、做错事情被别人责骂的时候、自卑的时候、痛苦的时候、抱怨的时候。这些时候，孩子在忍受着情感上的创伤，**孩子需要父母的帮助，**父母应该积极地担当起医治孩子情感创伤的责任。

伊林的某次考试成绩非常糟糕，他被老师批评，被同学嘲笑，他感到深深的自卑。回到家里，伊林和父亲进行了一段对话。

伊林：我很笨。

父亲（认真地）：你真的那么觉得吗?

伊林：是的。

父亲：想必你心里很难过?

伊林：嗯。

接下来，伊林向父亲讲述了白天发生的事情……

父亲：看，儿子！在我眼里，你是优秀的，只是你自己有不同的看法。

糟糕的成绩、老师的批评、同学的嘲笑，无疑会给年幼的孩子无情的打击，会给孩子造成情感创伤。此时，父母就应该努力为孩子疗伤，而不是在孩子的伤口上撒盐。

或许伊林父亲的话并不能使伊林改变对自己的看法，但是可能会让伊林动摇，他心里可能会想：爸爸认为我是一个优秀的人，那么可能我并不是那么没用。

这段谈话会给伊林带来动力，使伊林用自己的努力去回报父亲的信任，最终他会找到自己的优点。

## 做孩子最好的倾听者

孩子情感受到创伤之后，会极其渴望父母的理解。当孩子向父母倾诉受伤的经历时，父母首先要**做一个合格的倾听者**，面露同情和理解的神态，顺着孩子的心思引述话题，让孩子尽可能地把心里的烦闷诉说出来。当孩子说出愚蠢的想法时，不要和孩子争辩，更不要嘲笑孩子，而应该始终如一地对孩子表示理解。

## 了解孩子受伤的原因，给出建议

如果父母用心倾听了孩子的话，那么了解孩子受伤的原因其实并不难。父母可以简单地分析一下，给孩子提出简短的建议。需要注意的是，这时候孩子的情绪还处在低谷，父母不必和孩子说得太多，而应该简洁明了一些，给孩子一些思想上的点拨，以便孩子有更多思考的空间。

## 多交流，疏解孩子的情绪障碍

平日里，父母要尽可能地抽出时间和孩子保持交流，每天和孩子谈点轻松的话题，能让孩子保持快乐的心境。其实只要父母和孩子面对面聊几句，就能感知孩子的心情究竟怎样。

**让孩子说出自己的想法，**及时疏导孩子的不良情绪，孩子的不良情绪就不容易积压在心头。这样孩子便不容易出现心理问题，即使偶尔受到感情创伤，也会很快恢复过来。

## 给孩子营造一个轻松愉快的家庭环境

家庭环境对孩子的健康成长有很大的影响，如果想让孩子保持健康快乐的心境，就应该尽力创造一个轻松愉快的家庭环境。这就要求父母不要过分保护孩子，不要过分干涉孩子，不要对孩子有过分的期待，不要对孩子过多地许愿。

因为过分保护孩子，孩子就失去了面对挫折和失败的机会，得不到锻炼，一旦独自面对困难，就容易产生心理压力，影响正常生活。这反而使孩子更容易受伤。

过分干涉孩子，孩子就失去了自由活动的机会，这样会让孩子很压抑，长期如此，孩子的心理容易出现问题，更容易导致心理创伤和情感创伤。

对孩子给予过高的期望，超出了孩子的实际水平，这样容易伤害孩子的自信心和自尊心。

对孩子过多地许愿，给孩子过多的物质奖励来刺激孩子，反而会让孩子活得很累，因为孩子会把获得奖励当作目的，而不是把快乐学习、快乐成长、学到知识当作目标。

问答

## 父母小课堂

有些孩子上小学后，渐渐变得不愿意跟父母交流，有时孩子宁愿跟老师交流也不愿意找父母聊天，孩子为什么不愿意和父母交流呢？

这个时期的孩子非常有自己的想法，所以当父母无法理解孩子的时候，孩子就会认为父母老是将自己认为对的要求强加在孩子的身上，甚至质疑和否定孩子的一举一动，让孩子觉得被操控、没有自由。

父母在没有征得孩子同意的情况下，私自给孩子做了许多决定，比如让孩子去学习根本不感兴趣的兴趣班，在孩子跟父母表达了不喜欢的情况下仍然坚持，让孩子觉得跟父母沟通是根本行不通的。

孩子觉得每次与父母交流时，都会被大道理所淹没，导致孩子们不愿意跟家长沟通，因为这根本不能让孩子感受到交流的乐趣，得到的只有被强迫的反感。

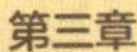

第三章

# 温和而坚定，规矩的背后是自由

## 这样定规矩，
## 孩子才不抵触

妈妈急着要外出办事，便催促五岁的儿子把玩具收拾好。儿子嘴上应着，但并没有动手收拾。几分钟后，妈妈经过客厅，发现儿子还在玩玩具，又催了他一次。

但等妈妈收拾好东西从房间出来的时候，儿子还在继续玩他的玩具，半点收拾的意思都没有。妈妈的脾气就上来了：“怎么每次都要催来催去？”

“妈妈，我还想再玩一会儿。”儿子小声地请求道。

“不行，说好我们要出去的，现在马上收拾好！”

“我不。”儿子也很固执。

赶着外出的妈妈只好把儿子强行拉了起来，儿子哭闹起来，气极了的妈妈最后动手打了儿子。

这样的画面是不是很熟悉？你急孩子不急，你催他却不动，每次都是以打骂收场，闹得大人小孩都很不开心。

为什么孩子不肯听父母的话？这与孩子的性格有一定关系，但起决定性作用的还是父母的管教方式。

有时候并不是孩子不听话，而是孩子心中没有可遵循的规矩。给孩子立规矩的两大好处是：第一，孩子行事有可遵循的规矩；第二，大人管教孩子有可参照的依据，避免因受情绪影响而胡乱责骂孩子。这样的管教方式更利于亲子感情发展，也更有效、更省力。

**爱和管教并非对立的。**爱不仅仅是全然的满足，也包括让孩子体验自己的边界在哪里，知道自己失控的时候有人可以让他停下来，适当的管教不仅不会伤害亲子关系，反而是孩子内在安全感的重要组成部分。

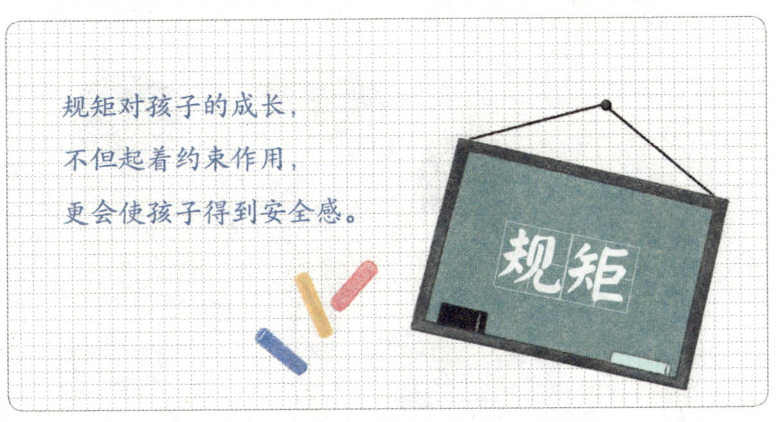

孩子还不够成熟，对很多问题的认识还不到位。孩子的成长需要父母的提示，需要父母的限制和父母设定的界限。这是孩子懂得规矩和建立安全感的需要。父母对孩子采取一定的措施，制定相应的规则来规范孩子的行为，这样的教育手段是必要的。

孩子需要理解他们周围世界的规则。他们需要理解别人对他们的期待：他们和别人怎么相处？他们能够把一件事做到什么程度？如果他们做得过头了，会发生什么？随着孩子一天天长大，他们需要用一些方法来衡量自己不断增长的技巧和能力。规则在他们“学习—发现”的过程中起着极为重要的作用。

从某种意义上讲，我们可以把规则比喻为红绿灯。我们知道，红绿灯是一个城市交通的指挥者，如果没有红绿灯的控制，整个城市将陷入一片混乱。人也是这样，从小对孩子的行为建立一套“红绿灯”系统，让孩子明白什么是该做的，什么是不该做的，从小在孩子心中树立这些原则和标准，绝不能随意突破。

有些父母会说，我也会给孩子立规矩啊，但为什么总是不管用呢？这些父母可以反思一下，是否遵守了给孩子立规矩的两大原则——**温柔而坚定**。

温柔，是指家长要控制自己的情绪，不要生气，要语气平和地给孩子讲道理。在管教孩子的同时让孩子感受到爱意。长期通过打骂管教孩子，只会让孩子变得胆小怯懦。

坚定，是指一旦制定好规矩，家长就不能随意妥协。

比如家长跟孩子定好规矩，每天只看二十分钟动画片。但当二十分钟结束，孩子还想再看，便开始哭闹不休。父母在孩子哭了十分钟后就妥协了。这样一来，孩子就知道他能够以哭闹来威胁父母，下次只会变本加厉。

## 规矩要简单具体，易于执行

孩子的理解能力没有那么深刻，自我控制能力也不强，树立十分复杂难以执行的规矩，非但不能够让孩子遵守，反而会让孩子糊涂。给孩子定规矩，要简单易执行，而且规矩不能立得太多，一类事情一个规矩就可以了。

怎样的规矩才叫简单具体？比如你觉得孩子房间较乱，你想让孩子把房间收拾干净。不要用“把房间收拾一下”这样笼统的、带多个动作的且对孩子来说较为复杂的指令。

应该把这个指令拆解为多个简单且具体的指令，例如：

## 遵守规矩要一以贯之

立下的规则，无论时间、地点、场合，都要遵守，比如，在家不许随地乱扔东西，在外面也不许。而不是今天这个样子，明天那个样子，在家一套，在外面一套。这样只会让孩子糊涂，无所适从。

## 不要轻易让孩子讨价还价

有些父母说，我每次都向孩子解释得很清楚，为什么有些事情他不能做，而有些事他必须做，但孩子还是不肯放弃他的想法，最后常常陷入无休止的讨价还价中呢？有时为了一些小事就会缠磨很久，比如每天要不要刷两次牙。

父母向孩子解释原因、顾及孩子的想法肯定要比简单地命令孩子好，但讨论也不能没完没了，孩子会利用这样的场合进行长时间的讨价还价。如果父母表现出犹豫，孩子就会乘胜追击，最后往往使定好的规矩顺着孩子的心意转换。

## 明确违反规矩的后果

明确地告诉孩子，这样做的后果。最好，这个后果跟孩子的切身利益有关。比如关于孩子吃饭的时间，父母要告诉孩子：三十分钟吃完，否则端走。吃饭中途，可以提醒他一次，告诉还有多长时间。还可以添加一些额外的条件，比如按时吃完，给点奖励。不按时吃完，取消某个奖励。

## 父母要以身作则

**所有的规矩都不仅仅是立给孩子的，**父母也要严格遵守，以身作则。比如，要让孩子规律进食，父母自己就要在饭桌上举止规范，不挑食，不浪费。要让孩子懂礼貌，父母自己就要对所有的人（包括自己的孩子以及其他孩子）使用文明用语。

## 用善意的指导
## 和关爱代替指责

吃完早餐后，七岁的罗文在玩一个空杯子，正在餐厅看报纸的爸爸对罗文说："你会打碎它的，不要玩了，你已经打碎很多东西了。"

罗文自信地说："放心吧，这次不会打碎的，我保证。"罗文刚说完，杯子就从他的手里滑落在地，摔得支离破碎。

父亲生气地说："你这个熊孩子，怎么又把杯子摔碎了，屋里的东西快要被你摔光了。"

罗文笑嘻嘻地说："你太夸张了，而且我记得你曾经也打碎了妈妈最好的盘子。"

父亲一听这话，气得从座位上跳起来："你在说什么？犯错了还表现出这种态度，你太不像话了！"

罗文看着父亲生气的样子，噘着嘴跑出了家门。

或许，这件事情让罗文得到了教训，他以后再也不玩杯子了。但是父亲也应该吸取教训，那就是应该用善意的语气指导孩子，而不是给孩子无情的指责和批评。

其实，在孩子玩杯子的时候，父亲完全可以提醒儿子“小心摔了杯子，割伤了手”，然后对儿子说：“玩皮球是个不错的选择。”或者当杯子打碎时，父亲可以帮助儿子处理玻璃碎片，顺带说：“杯子很容易打碎，以后不要把它当玩具了。”

这种和气的叮嘱很可能让罗文为自己的过错感到惭愧，继而会因为自己闯了祸而产生歉意。在没有斥责，没有巴掌的情况下，他甚至可能会在心里思考，并自己得出结论：杯子不是用来玩的。

当孩子做了错事时，最重要的不是批评或教训孩子，而应该首先处理事情。然而，有些父母很难做到。一旦孩子说错了什么或是做错了什么，父母立刻摆出一副严厉的样子对孩子训斥，甚至带有侮辱性的语言，结果不但没有让孩子心服口服地接受批评，反而引起了孩子的反感和顶撞。

每个人都希望得到指导而不是批评，孩子同样有这样的心理。这就要求父母在教育孩子的时候，**多用善意的指导和关爱代替批评和责骂，**这样孩子才会虚心地接受父母的教育和引导。

## 了解孩子犯错的原因

孩子犯错后，父母还不知道原因时，就需要与孩子进行交流，让孩子讲述他是怎样犯错的，这便于父母针对孩子的错误提供指导性的意见，最终帮助孩子改正错误。

父母可以对孩子说：“现在没有必要惩罚你，而要搞清楚你是怎么犯错的，这样你才不会犯相同的错误。”让孩子明白，你并没有惩罚他的意思，他才可能放下心理包袱，和你进行交流。

## 指导孩子正确处理问题

当孩子犯错后，父母应指导孩子如何正确处理问题。就像上面的例子，当罗文不小心打破杯子时，爸爸首先要做的不是批评孩子的错误，而是指导孩子怎样处理错误导致的问题，应该告诉孩子应该如何清理破碎的玻璃杯，如何把地板擦干净。

父母如果能做到克制愤怒的情绪，给孩子提供建设性的意见，孩子也会抓住机会，认真地打扫现场，并为自己的过错深感惭愧。因为父母没有批评他，而是指导他，这在孩子看来是父母给他改错的机会，孩子会倍加珍惜。

孩子犯错后，
父母应就事论事，
温和指出，因势利导。

## 正面管教
## 让孩子拥有自控力

已经上小学三年级的大海虽然聪明，但是却不受老师的喜欢，因为他太爱动了。上课的时候，他不是扯女同学的头发，就是趁着老师不注意，前后左右地说话。唱班歌的时候，他故意走音；上课时，把别人的本子拿去乱画，坐姿不端，抢别人的橡皮用，等等。当老师一一把这些“恶行”都告诉大海爸爸的时候，爸爸吓了一跳，儿子从小就比较活泼好动，但没想到竟然这么捣蛋。看来，再也不能把这些问题当小事了。可是孩子为什么会不遵守纪律呢？

如何才能让孩子管好自己？这是令很多像大海爸爸这样的家长极为烦恼的问题，尤其是遇到一个所谓的“熊孩子”。

上课注意力不集中，爱说话，爱做小动作等，像大海这样不遵守纪律的行为实际上从一个侧面表现出孩子自控力的不足。

孩子天生就是爱动又无拘无束的，可这个世界无法让孩子一直这样无拘无束地走下去，他们只有拥有了自控能力，才能更好地健康成长。

## 培养孩子自控力的关键期

美国心理学家克莱尔·考普认为，自我控制是一种复杂的心理结构，反映的是个体调节自己的行为，使个人价值和社会价值相协调的能力。

这种能力体现为，在没有外部力量监督的情况下，个体遵守一定的规则行事，约束自己的行为，达到预期的目标。

**二岁至六岁是培养孩子自控力的最佳时期，**因为孩子在这段时间里会经历许多成长的关键期，比如秩序敏感期、自主意识敏感期、逻辑思维敏感期、人际关系敏感期等。

同时，这段时间也是孩子走向幼儿园集体生活的适应期，孩子的生活发生了巨大变化，培养良好的习惯是将来适应学校学习生活的基础，这时候对孩子自控力的训练及形成，就显得尤为重要。

## 建立信任，让孩子形成自控力

环境对于孩子的自控力影响非常大，如果孩子所在的环境是值得信任的，孩子就会更加愿意进行自控。父母是孩子所处环境最重要的因素，因此要想让孩子具有很好的自控力，父母首先要创造一个信守诺言、值得孩子信任的成长环境。

有些父母在孩子哭闹时为了图一时省事，给孩子开了空头支票，比如“你乖乖坐着等我十分钟，马上带你去公园坐小火车”；然后等手头的事一忙完，马上食言或者换了一个相对小得多的奖励：不去公园坐小火车了，就在小区里转转。

这些父母以为骗骗小孩子无关紧要，其实是在一点一点地蚕食孩子对他们的信任，并使孩子的潜意识里树立起延迟享受不如现时享受的观点。

这不仅容易使孩子的自控力受到负面影响，而且会使孩子将来更难管教。如果孩子已经在潜意识里对你的承诺不再信任，他避免惩罚和获得奖励的动力都可能减弱。

所以，要提高孩子的自控力，父母就应该**信守对孩子的承诺**。如果父母不能做到言出必行，而只是花时间去尝试用各种方法来训练孩子，很难达到令人满意的效果。

## 多次提醒，让孩子学会自控

很多孩子的自控力不好，原因在于他们的记忆力不好，在这一点上，年纪越小表现得越突出。

比如，父母带孩子在公园玩，准备回家前和孩子说好再玩五分钟后就回家，孩子点头表示同意。但五分钟之后，孩子却又哭又闹不肯回家。

这是因为学龄前孩子的记忆容量很有限，几分钟前说好的事，一眨眼他们就会忘记。

因此，如果有些事情需要孩子自控，就需要提前和孩子说好规则，更重要的是要不断地提醒和重复这个规则。

比如，要求从公园回家时，不要只说一次，可以三分钟后说一遍，两分钟后再说一遍，一分钟后再说一遍。这时千万不要嫌自己啰嗦，孩子需要不断被提醒才能记得自己要求被遵守的规则。

## 延迟满足，让孩子学会等待

在孩子想要一件东西或者想玩游戏的时候，父母并不是只有选择“同意”或者“拒绝”，可以用延迟满足让孩子等待的方法来培养孩子的自控力。

父母可以告诉孩子：我知道你很想要这件东西（或者很想做这件事），但这不在我们的计划之中。我答应你，我们讨论一下，你为什么一定要买，你是否需要这个东西，好吗？然后我们再决定什么时候给你买。

还有，奖励也是一个很好的延迟满足的办法。当孩子很想要一件东西，或者很想做一件事情的时候，可以用奖励计划让他们将满足延迟。

## 设置游戏，帮孩子锻炼自控力

自控能力其实是可以锻炼出来的。很多时候，孩子都处于等不及的状态，比如给孩子买的玩具，还没到手就非要先问清楚是什么礼物；看见自己喜欢吃的食物，等不及拿餐具就直接上手去抓，这些都是自控能力差的表现。

父母可以教孩子玩一些能够培养他专注力的游戏，比如**下棋、看书、画画**等，这些活动特别考验孩子的耐心，能让孩子保持足够的注意力。时间久了，孩子就能很好地集中注意力以及控制自己的思维，做到张弛有度、行为自控了。

下面介绍两个锻炼孩子自控力的游戏。

• 木头人游戏：大家一起跟着音乐跳舞，当音乐停止时，所有的人都不许再动。

• 红灯停绿灯行：听到“红灯”，所有的人都停下来；听到“绿灯”，所有的人都往前走。

这两个游戏都要求孩子遵守指令，也就是控制自己的行为。

这是基础版的游戏。自控的一个基本特征就是自我调节，即可以根据外部指令的变化让身体迅速作出调整。

当上面两个游戏玩熟练之后，家长可以改变游戏的规则，以提高游戏的难度，从而进一步提高孩子的自控力。

## 不溺爱，不放任，做有原则的父母

父母都知道孩子不能过分宠爱，不能娇生惯养，不过并不是所有父母都明白什么行为是正常关爱，什么又是溺爱。有些父母无法把握教育孩子的度，见孩子一哭闹马上就心软了，明明知道这样是不对的，还是把自己的原则丢到了一边。

最近，昭昭的外公和外婆来看他。他们对小外孙女心疼得不得了，因为一年只来两三次，所以每次只要过来，就会给昭昭买一大堆好吃的和好玩的。昭昭看到外公和外婆很高兴，有了老人宠爱，昭昭因此也不太听父母的话了。

这一天，该吃中午饭了，昭昭仍然趴在地上玩玩具，妈妈好几次喊她吃饭他都不理。外婆盛了一碗饭想去喂自己的外孙女，不过妈妈立刻用眼神制止了。妈妈和颜悦色地对昭昭说：“昭昭是不是还不想吃饭？”昭昭点了点头，妈妈又说：“你不吃的话我们就先吃了。”昭昭还是没在意。于是妈妈不再理会昭昭，开始和外公、外婆一起吃饭。

没多久，昭昭玩累了，回头发现自己最爱吃的鸡翅已经快被吃完了，于是她赶紧爬上椅子，要去拿鸡翅。妈妈抓住昭昭的手说：“你洗了手才能吃饭。”昭昭嚷嚷着说：“如果我去洗手的话，我的鸡翅就没有了！”妈妈笑着说：“是你自己不要和我们一起吃饭的，刚刚那么多你都不来吃。”她看了看昭昭，又说：“快去洗吧，鸡翅给你留着。”昭昭飞快地去洗了手，回来就开始吃饭，而且很香地吃完了饭。

在接下来的日子里，只要到了吃饭的时候，昭昭就会乖乖坐好，不用妈妈叫她，而且都会把饭吃完。外婆不禁佩服起了女儿的教育方法。

在碰到昭昭妈妈遇到的情况时，许多父母的处理方法都不对，孩子不想吃饭就跑去喂；孩子想要玩具家长就去买。时间长了，孩子就会变得不讲道理，不懂节约。

家庭教育需要理智，如果在教育过程中情感淹没了理智，纵容又迁就孩子，那么孩子就不能健康地成长。

其实，真正的爱孩子，应该是在一定的原则里面，**让孩子能够自由成长，**这样才是对孩子最有益的教育方式。

## 不溺爱，让孩子做力所能及的事

有些父母容易陷入一个误区，就是，不帮孩子做事就是不爱孩子，就是狠心的父母。于是他们喜欢大包大揽，替孩子把所有事情都做了。

宇光上小学后，家庭作业一下子增多了，他每天写完作业后就直接去洗澡睡觉，由妈妈帮他收拾书包。有一次，妈妈出差三天，收拾书包的工作就落到了爸爸身上。结果妈妈第二天就接到了宇光借老师手机打来的电话。宇光在电话里焦急地告诉妈妈：“今天上学我没有带作业本，快让爸爸帮我送过来！”

“都怪爸爸，
连作业本都没帮我收好。”

然而第三天又出事了，宇光没有带水彩笔，又急急忙忙打电话给妈妈。妈妈听了，觉得这不对，便对宇光说：“你不能自己想办法吗？比如跟不需要的同学借一借，或者共用？”妈妈意识到不能这样下去，让孩子太依赖自己，于是出差回来之后，就开始训练宇光自己收拾书包。

渐渐地，宇光不会再丢三落四了，也开始学着自己收拾房间，生活和学习都变得有条理了。

**爱从来不是大包大揽，**要教会孩子解决问题的方法，而不是帮他解决问题，这才是真正的爱。让孩子多做一些力所能及的事情，时间久了，他会在成长中学会自立自强。

在现实生活中，有一些父母怕累着孩子，怕孩子做不好，自己重新再做太麻烦，因而不让孩子做一些力所能及的事。从儿童发展的观点来看，不给予孩子锻炼的机会，就等于剥夺了孩子自理能力发展的机会，久而久之，孩子也就丧失了独立能力。

父母要本着“大人放手，孩子动手”的原则，让孩子从幼儿时起就做一些力所能及的事情。

在家里，父母可以根据孩子的兴趣和能力因势利导，通过具体、细致的示范，从身边的小事做起，由易到难，教给孩子一些自我服务的技能，如学习自己擦嘴、擦鼻涕、洗手、刷牙、洗脸、穿衣服、整理床铺等。这些看上去虽是很小的事，但实际上给孩子创造了很好的锻炼机会，无形中提高了孩子独立生活的能力。

当孩子完成一项工作后，父母要给以适当的肯定和赞赏，当孩子的存在价值被肯定，自己的工作能力被肯定时，他们也会感到无比的兴奋和快乐，在很大程度上能够增进孩子的自信心。

## 不放任，学会拒绝孩子的无理要求

在生活中经常会看到有些孩子脾气很大，经常提一些无理的要求，一旦父母不顺从就会又哭又闹，不仅让父母尴尬，也让周围的人感觉不舒服。这其实是因为平时父母太过宠爱的原因，孩子的要求总是被父母一而再再而三地满足，孩子就会认为无论自己做什么，父母都会妥协，在这种想法的影响下，孩子就会越来越过分，父母的麻烦和压力就会越来越大，直到爆发亲子间的冲突。

欢欢是个乖巧的孩子，很少用哭闹作为手段来达到目的，因为一次也没成功过。但上了幼儿园后，看到了同学哭闹的成功案例，于是活学活用起来。某天家里煮了白粥，但他偏要再单独给他煮份面条，最后更是躺到了地上。

妈妈没有答应他的无理要求，全家人该干什么就干什么。外婆也特别配合，拿起扫帚扫起了地，扫到欢欢躺的地方时，对他说："孩子，躺过去一点，我要扫地，别挡着，我扫完了你再躺回来。"

欢欢挪开后继续躺着哭。等外婆扫完地，又让欢欢躺回原来的地方，没想到欢欢居然真的又躺回去哼哼唧唧了。渐渐地，欢欢终于发现别人的成功案例在他身上并不管用，于是爬起来讨好地说："我觉得白粥也很好吃的。"说完自己乖乖地跑去把白粥吃了个干净。

其实小孩子很多行为只不过是试探，如果第一次就阻止，基本就不会有第二次同样的行为发生。像这样的坏习惯，第一次就要制止，不能让它发生第二次。

面对孩子的无理要求，有的父母刚开始时会拒绝，但一旦孩子软磨硬泡就无法招架；有些家庭父母意见不一致，如果父亲拒绝而母亲给予满足，或者祖父母满足父母不能满足的要求，这样孩子就不会明白什么是不合理的要求，还会让他学会投机取巧。

所以，**父母的意见应该一致，**不管什么情况下只要是无理要求都不能满足。当孩子明白这一点后，自然也就不会去投机取巧了。

问答

## 父母小课堂

# 孩子七岁前应帮助他养成的八个生活习惯

- 按时起床，搞好自己的个人卫生并能整理好自己的房间。
- 养成定时吃早餐的习惯，不挑食。
- 每天睡觉前自己检查是否完成了当天的任务。
- 睡前刷牙、洗脸、洗脚；自己把袜子洗干净，晾好。
- 睡前准备好第二天穿的衣物，整齐地摆放在固定的位置。
- 每天帮家长做一些简单的家务。锻炼孩子基本的生活能力。
- 教会孩子基本的生活常识，懂得哪些安全，哪些危险（包括用电安全等）。
- 要知道“物归原位”，让孩子知道家中物品都有其固定位置，用完东西应该放回原处。

第四章

# 平心静气，做情绪稳定的父母

扫码体验音频讲读

## 自我控制，
## 有火不要对孩子发

涵君上小学三年级了，妈妈在家里做自由职业。每天放学回家后，是涵君最放松的时候，和妈妈聊聊天，吃着妈妈亲手做的点心，而且可以看会儿电视，等吃完晚饭再去写作业。

涵君妈妈觉得孩子在校一天，回来不急着写作业，先让孩子放松放松。

这天，涵君看电视正看得开心，爸爸下班回来了。一见涵君在看电视，爸爸马上吼道："作业写完了吗？回来只知道看电视。"

涵君很怕爸爸发脾气的样子，马上关掉电视，跑到房间里。

正在厨房做饭的妈妈忍不住为孩子辩解了几句，结果余气未消的爸爸又和妈妈吵了起来。

原本温馨和谐的家一下子变成了硝烟弥漫的战场。

孩子恐惧地躲在房间里，妈妈在厨房低声哭泣着，爸爸气呼呼地坐在沙发上。

涵君爸爸也不是每次下班回来都这样，有时他会和孩子一起看会儿电视，父子俩开心地聊会儿。

最近涵君爸爸工作不太顺心，与新上司的关系紧张，工作压力很大，一回到家就容易发脾气。

有些父母常常不自觉地把自己外面受到的劳累、辛苦、怨气等带回家，把坏脾气带给家人。

情绪的传染就像是核弹，**好的情绪会产生巨大的正能量场，**而消极的情绪则会形成负能量场。

尤其是孩子，敏感又单纯，他们受到自己身边最亲近的人的情绪传染最多，如果家人情绪糟糕，那么这种糟糕的情绪也会直接影响到孩子的身心发展。

## 别把坏情绪带回家

有些父母做不好情绪管理，常常不自觉地将工作、生活中的负面情绪带回家，有时候明明不是孩子自身的问题，也把火撒在孩子身上。

当父母有意无意地拿孩子撒气时，孩子的第一反应是莫名其妙，这与父母平时对孩子关爱有加的情况形成强烈反差，使孩子感到异常委屈和痛苦。

有句话是这样说的：**情商最高的行为，就是对最熟悉、最亲切的人，依然能保持尊重和耐心**。妥善管理自己的情绪，不让脾气的炮火轰炸到最亲爱的人，也是人生的一种修为。

九岁的常青学习成绩名列前茅，性格活泼开朗，并且经常帮助同学。

当老师问他为什么这么乐观时，他说：“这主要是得益于爸爸榜样的作用。我经常听同桌说，他的爸爸回到家就发脾气。而我的爸爸却不这样，不管他在工作上怎么不顺心，他都会很乐观地面对妈妈和我，从来不对我们发脾气。”

对此，常青的爸爸说出了自己的心得：

“我很重视家庭的和谐气氛。其实，我有时候也会在工作期间遇到一些不开心的事情，但是我总是给自己一些积极的暗示。比如，进家门前，我会对自己说，工作是工作，家是家，既然回到家，我就不能把工作上的糟糕情绪带回家。此外，在我的汽车上挂着一张我们全家的照片，每天开车回家，我都会看一看这张照片。我就是通过这些方式，提醒自己别把坏脾气带回家。”

## 及时道歉，寻求孩子的谅解

小可的爸爸今天受到了领导批评，回家就对小可发了一通火。事后等爸爸平静下来，觉得自己刚才做得很不对，就向小可道歉："对不起，是爸爸错了，爸爸不应该拿你出气。你不知道，今天我写错了一个工作报告，领导把我狠批了一顿。你说，爸爸都这么大的人了，被人批评肯定是不好受的。所以爸爸刚才对你态度不好，希望你理解爸爸。"

小可用小手摸着爸爸的脸说："爸爸，我理解你。我也知道爸爸压力大。这样吧，爸爸以后如果有什么不开心的事，可以跟我说说，这样你就会好受一些了，也就不会再拿我出气了。"

如果父母偶尔对孩子发泄了情绪，事后一定要和孩子承认自己在刚才那个瞬间失去了自控力。父母还是很爱他的，觉得很抱歉，要给孩子一个大大的拥抱，让孩子和你一起平复情绪，这是孩子重新接纳你的过程，也是你自己重新接纳自己的过程。

# 情绪稳定，对孩子的态度不能太随意

妈妈下班回到家，菲菲马上跑来腻在妈妈身边：“妈妈，我都饿了，你怎么才回来呀。”妈妈搂着菲菲，“心肝”“宝贝儿”地叫着，亲昵地问中午“小饭桌”都吃了什么，在学校注意喝水了没有，有没有和同学吵架，上体育课磕着碰着没有，回来饿了有没有自己找点东西吃，还时不时地在女儿的脸上亲一下。

虽然菲菲已经是个11岁的大姑娘了，可还是和小时候一样，就爱跟妈妈腻歪，什么事情都要靠妈妈替她想着。妈妈呢，觉得反正就这么一个女儿，怎么疼爱都不过分。

亲热够了，妈妈想起了前两天的阶段测验，就问菲菲成绩下来没有，考得怎么样。菲菲说：“下来了。语文95分，数学90分，英语92分。”

妈妈听到这个成绩，再看看菲菲无所谓的样子，笑脸就变成了长脸："考成这样，你还乐呀？你都五年级了，明年就要考中学了，怎么自己就没有一点儿着急的意思！"

菲菲一脸无辜的表情："怎么了，我都考了90分以上，我们班还有不到80分的呢。"

妈妈坐正了身子，换了一副严肃的样子，对菲菲说："你怎么就知道往下比呀！你都上五年级了，也该明白认真学习的道理和重要性了。可你看看你现在这样，一点儿也不懂得自己着急用功读书，不知道自己管好自己的东西，也不会自己照顾自己，什么事情都得让妈妈操心。"

妈妈越说越着急，平日里没有觉得是什么问题的事情，现在一件一件全都想起来了，这会儿都成了菲菲的毛病。

菲菲似乎一点没觉得怎么样，身子扭一扭，还想往妈妈身上靠："妈妈，为什么对我这么厉害……"妈妈一把拉住菲菲，没有给她撒娇耍赖的余地："别黏糊我，我跟你说正经的呢！"菲菲的小脸一下变了表情，很委屈地望着妈妈。

有些父母会根据自己的情绪，对某件事情的看法和对其重要性的认识水平，而在对待孩子的态度、管教的方式和对孩子的要求上忽冷忽热、忽高忽低，非常随意和情绪化，根本没有考虑这样做会对孩子的情绪、心态产生什么样的影响。

菲菲的妈妈就是这样，她在生活上过度地娇惯、纵容孩子，把孩子当作小不点儿来照管，对孩子永远是笑脸、是依从、是呵护，唯恐孩子有什么闪失，使孩子没有独立的意识和责任感。

但当遇到学习问题时，妈妈却要求孩子达到甚至超过她年龄应该有的认识，自主、自觉、努力取得好成绩。妈妈态度和行为上的矛盾，使孩子的生理年龄与她的心理成熟程度、承受能力出现错位，对孩子的成长是不利的。

## 做情绪稳定的父母

德国有一本非常著名的绘本《大嗓门妈妈》，是一只可爱的企鹅宝宝讲述它和妈妈之间的"特别经历"。

“今天早上，我妈妈发脾气，冲着我生气地大叫。结果，吓得我全身都散开飞跑了……

我的脑袋飞到了宇宙里，我的肚子落入了大海里，我的嘴巴插在了高山上。最后发脾气大叫的妈妈又将我找了回去，将我修补好。

妈妈跟我说对不起，我也原谅了妈妈。”

文章生动展现了父母的情绪会给孩子带来怎样的影响。

有些父母不懂得保持自己情绪的稳定，开心起来“宝贝”长“宝贝”短，对孩子有求必应；一旦自己心情很差充满焦虑时，看孩子哪里都不顺眼，怎么做都是错，不是吼叫打骂，就是冷嘲热讽。

同样的行为，却收到父母不一样的态度，**只会让孩子感到迷茫，**不能很好地认识自己行为本身妥当与否，不利于建立起正确的是非观。

有的孩子很聪明，等到他洞察到父母心情好时做某一件事不会被骂，便学会察言观色，挑有利的时机做自己想做的事，使得父母在教育孩子时越来越被动。

比如，很多孩子发现家里来客人时，父母对自己比较宽松，于是总会在这个时候提出各种平常不敢提的要求，玩游戏、看电视、吃各种零食，等等。

阴晴不定的父母，还会让孩子充满惶恐和不安，孩子不能确定自己什么时候做了什么事就会不小心惹到父母，于是表现得小心翼翼，内心缺乏安全感。

观察很多家庭可以发现，那些父母性格温和、情绪平和的孩子，笑容更多，幸福感更强，抗挫折能力也更好，礼貌和教养兼具，看待事物更宽容。

而那些父母性格强势、容易情绪化，动不动就大吼大叫或者一惊一乍的，孩子往往更加敏感多疑、更容易走极端，缺乏一种对周围环境最基本的安全感。

看到父母心情差时就对家人大吼大叫、摔东西、暴饮暴食，孩子的情绪被影响不说，还会在潜移默化中学习、模仿，渐渐形成自己的意识，日后也会采取这样的方法处理不良情绪，十分不利于孩子情商的发展。

情绪稳定的父母，才能够在一言一行中教会孩子认识自己的情绪、接纳情绪、正确处理情绪。

## 自我调适，别让情绪影响孩子

父母应该意识到，孩子是无辜的，不应该由他们来承担我们的负面情绪，父母自身要学会给这种负面情绪找到合适的出口。把自己从情绪中抽离出来，冷静思考，给自己一段时间独处，分析自己为何会生气，带着这样的情绪可能会对孩子做出怎样的行为？带来怎样的后果？这样做对解决问题有没有实质性帮助？

通过冷静的思考，很多冲动的行为就会被避免，稳定的情绪下，父母会更客观公正地评价孩子的言行，更有效地处理问题。

当然，没有人可以完美控制自己的情绪，当自己被各种负面情绪笼罩，实在做不到风轻云淡时，不妨诚实地告诉孩子：

“妈妈因为工作的原因现在心情不太好，需要一个人冷静一下，如果你总是打扰我，我怕会对你发火，妈妈不想对你发脾气，所以希望你乖一点。”

比如父母吵架，尽量不要当着孩子的面，或者要与孩子好好沟通，让孩子明白：我们的负面情绪不影响我们和你之间的关系，我们的负面情绪不是因为你。

通过观察父母处理情绪的方式，孩子会明白有矛盾有冲突不可怕，只要敢于面对，通过正确的方法去处理，结果也会是好的。

家庭教育其实并不需要父母多么优秀，一个有着平和态度，**情绪稳定的正常父母**，就是孩子最大的福气。

## 用温和的方式
## 走进孩子的心灵

彬彬是个聪明的孩子，平时也很乖巧。但有一次，她与妈妈到姨妈家去玩时，却发生了点不愉快的“小插曲”。

由于妈妈很长时间没有见到姨妈了，因此，难免与姨妈聊天的时间长了点。刚开始彬彬与姨妈家的弟弟玩得很好，可快到吃饭的时候，彬彬却向妈妈吵着要回家。妈妈正与姨妈聊得起劲，也没有注意彬彬瞎闹，只随口说了句：“去，去！去玩你的！……”

没想到彬彬一改往日的乖巧，躺在地上撒起娇来。这还真让妈妈很没面子，妈妈抡起巴掌就在彬彬的脸上留下了纪念。这下彬彬就变本加厉了，姨妈只好让他们母子“打道回府”，一次好端端的相聚就这样在不和谐的气氛中草草收场了。

其实，假如妈妈能与彬彬好好说，或许就会避免出现这样尴尬的局面。这是妈妈的“粗暴”造成的结果。

孩子幼小的心灵很容易受到伤害，采用任何粗暴、武断的方式对待孩子都是不合情理的，只有用**温和的方式**，才能更好地走进孩子的心灵。

## 温和的态度能消除孩子的逆反心理

温和的态度可以消除孩子的逆反心理。有这样一些孩子，从小就受到父母过分严厉的斥责，可以说他们是在训斥声中长大的。在这些孩子的眼里，父母是不可亲近，而且是令人憎恨的。由于孩子有强烈的对立情绪，因此，对父母的要求，常常一味地拒绝，有时甚至反其道而行之，故意调皮捣蛋与父母对着干。

父母用温和的态度心平气和地就事论事，会对孩子产生良好的暗示，孩子会欣然接受父母的教导。假如父母能长期坚持这样做，孩子自然会消除逆反心理，而且会自觉地按照父母所讲的道理去学习、生活及做人。

## 温和的态度能减缓孩子的心理压力

温和的态度能够减缓孩子的心理压力。大部分孩子都惧怕批评，这是一种潜在的心理负担。一旦受到了父母的呵斥，这种负担便会转化为心理压力，孩子会由于考虑父母将如何处置自己，而变得焦虑不安，精神紧张；同时，由于自我保护的本能，又会促使孩子作出心理防御，以至于在父母面前不敢也不愿道出真情。

这种时候，假如父母能用和蔼的态度、温柔的语气开导、说服孩子，**孩子就会获得心理上的宽慰**。紧张的神经会渐渐松弛，等孩子的情绪稳定了，父母的说教也就很容易被接受了。

“妈妈不会批评你的，
不过你要告诉妈妈
事情的真实经过。”

## 温和的态度能增进亲子关系

父母用温和的态度对待孩子，不仅可以缩短亲子之间的心理距离，同时也可以增进彼此间的关系。反之，那些为了保持父母尊严而对孩子声色俱厉的训斥，常常会阻碍父母与孩子之间心理的沟通与感情的交流。

假如父母用粗暴的口吻告诫孩子，孩子就会拒绝，因为他们感到对父母的让步，就意味着自己的软弱与不自主。往往听到有些父母高声亮嗓地吼孩子，“不要吵，不要乱喊乱叫！”“父母说话时别插嘴！”在这种情况下，孩子常常也会态度强硬起来，变得蛮不讲理。

实际上，用温和的语调征求孩子的意见，他们会乐意去实现你的愿望。假如你能改换成温和的口吻，表示重视孩子的意见，友好地问：“你是怎样想的？”或者说：“我想和你商量一下，你说怎么办才好呢？”你就会看到孩子会很认真地考虑、关心你所提出的问题。

当孩子出现某些问题的时候，父母不妨先放下“打骂”或“粗暴”的管教方式，尝试着使用温和的态度，或许还真能收到意想不到的良效。

## 保持冷静，
## 给孩子解释的机会

有一次，美国主持人林克莱特访问一名小朋友，问他说：“你长大后想要做什么呀？”小朋友认真地回答：“嗯，我要当飞机驾驶员！”林克莱特又问：“如果有一天，飞机飞到太平洋上空，这时发现没有燃油了，要熄火了，你要怎么做？”小朋友想了想说：“我会先让飞机上的人绑好安全带，然后我挂上降落伞先跳出去。”

现场的观众笑得东倒西歪，甚至有些性急的观众开始谴责孩子的自私。林克莱特继续注视着这孩子，没有想到的是，竟然看到孩子两行热泪夺眶而出。林克莱特觉得这孩子这么想一定有他自己的理由，于是他说：“这么做是为什么呢？”得到的是一个孩子最真挚的想法：“我是去拿燃料，然后我还要回来！我还要回来！”

通过这个故事，父母们可以反思一下自己，是不是常常中途打断孩子的讲话？是不是自以为是地对孩子的说法进行了自己的理解了呢？

孩子有自己的想法，自己的世界观，允许孩子申辩、解释，**让孩子追求独立性，**强调自己判断是非的能力，这对孩子的健康成长非常重要。

孩子对社会规则的了解深度可能不及成人，表达自己的判断，不可能像大人那样圆滑和委婉。所以，对于孩子的辩解，父母不要武断地斥之为没礼貌、不尊敬长辈，要客观地分析、判断。

在现实生活中，当孩子犯了错误，有些父母总是单凭自己的主观臆断，对孩子的行为作出一些不中肯的评价和指责。

当孩子想要申辩和解释的时候，父母通常会更加生气，认为孩子是在狡辩，对孩子说得最多的也是“别找借口狡辩！”

赵先生的儿子很懂事，自从外婆来了以后，他怕外婆觉得闷，就每天带外婆出去散步，还用自己的零花钱给外婆买鲜花，把外婆高兴坏了。外婆乐呵呵地说：“我活了六十多岁了，还是头一次收到别人送的花呢！”

有一天，赵先生下班回家，一进门就听到房间里有“嘎嘎嘎”的叫声，一看，原来是几只活蹦乱跳的小鸭子正在房间里乱窜。

看到家里乱七八糟的样子，加上上班的劳累，赵先生顿时心烦意乱，张口就训斥孩子：“马上就要期末考试了，玩这些干什么？看你把家弄得成什么样子了！”

孩子张嘴正要向他解释，他却不由分说地呵斥道：“住口！给我把这些东西都扔出去！我不想听你说什么，你也不用解释！”

说完就要去抓那几只小鸭子。这时，孩子的眼泪哗哗地流了出来，委屈地看了爸爸几眼，然后转身回到自己的房间，重重地关上了门。

赵先生一看更气了，刚想追过去再教训儿子，这时外婆拦住了他：“你就别骂孩子了，这是孩子给我买的，他说怕我在家寂寞，就买了几只小鸭子来陪我。”

赵先生知道事情的原委后很后悔，但是对孩子的伤害已经造成。

如果孩子经常被喝令“住口”，渐渐地就会放弃为自己辩解的权利，而他们背负的委屈也会越来越多。总是这样一个人默默承受，背负着沉重的思想负担，就有可能给孩子造成严重的心理问题。

当孩子犯错时，父母一定要冷静地对待孩子的过错，因为一件看似非常简单的事情，它的背后却往往没那么简单。也许孩子的初衷是好的，也许孩子做错的事的确情有可原。

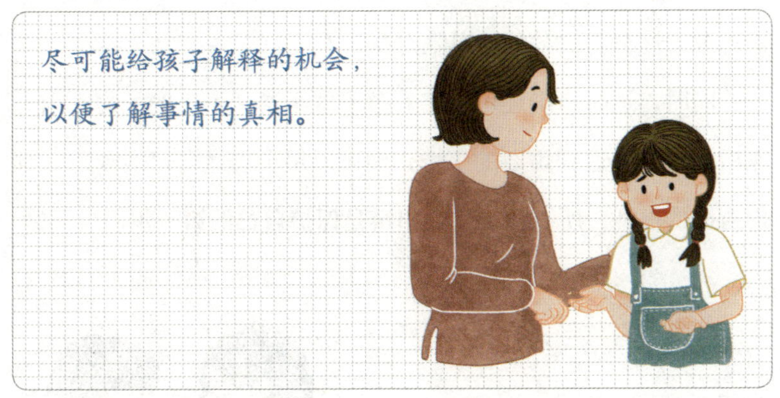


## 合理申辩是孩子成长的需要

心理学家认为，能够同父母进行争辩的孩子，在将来会比较自信，有创造力，也会更合群。

试想，如果一个孩子处处、事事都按父母的话去做，按照老师的话去做，而没有自己提问题的心理空间，这样的孩子能有创新意识吗？能有创新能力吗？

当孩子与父母争辩时，要鼓励孩子把真心话说出来，尽管可能会引起争执，但也是有利于互相了解和沟通的。如果孩子不与父母争辩，而是把心里的想法隐藏起来，反而会造成两者之间的隔阂和沟通障碍。

给孩子申辩的机会，可以提高孩子的表达能力、分析能力、辩驳能力以及推断能力，因为孩子要说服你，所以他就要动脑分析思考，让自己的辩解有说服力。

同时，通过申辩还可以培养孩子敢于说“不”的能力，因为以后生活中再遇到重要的事情，他可以用于表达自己的观点、维护自己的权利，所以**孩子学会申辩是保护自己的第一步**。

## 引导孩子合理申辩

当孩子申辩时，父母要耐心地听孩子说完，不要打断，也不要纠正孩子的说法。因为这样会打断孩子的思路，也会影响孩子申辩的积极性。因为孩子在反复说的过程中会自己修正。

田田和妈妈一起按照《时间管理》中的方法执行生活计划，妈妈规定，如果按计划完成一项任务，田田就能得到一颗星星贴纸的奖励。

有一天，田田整理家务的计划没有完成。妈妈说："我要扣掉你一颗星星了。"

田田问："是没有那颗星星，还是没有了星星再加扣一颗？"

妈妈说："是没有了星星还得扣掉一颗。没有星星是因没完成任务而失去，扣一颗是没有完成任务的处罚。"

田田反驳道："妈妈，之前你没有跟我约定说没有完成任务要扣掉一颗，所以，不能扣。"

妈妈想了想，好像是之前没有这个约定，但是因为面子问题，便说："那就从现在开始规定。"

田田再次反驳："妈妈，首先你事先没有跟我约定，这个不算，而且《时间管理》那本书上写着，第一个星期实行星星表时，不能实行处罚。"

妈妈故作惊讶："哦？书上还这么写着？那就按照书上说的

执行吧。这一颗不扣了。”

田田露出了胜利的笑容。但失去了那颗星星，田田还是沉默地开始完成整理家务的工作。

妈妈见状，说：“田田，虽然你那一项没完成，但我还是得表扬你。”

田田一听到表扬，有些疑惑地看着妈妈。

妈妈说：“我表扬你的是，刚才我说要扣你一颗星星时，你没有哭闹，而是冷静地找出我不该扣的理由去为自己申辩，而且你还熟记书本的内容，为你的申辩提供充分的理由。”

听妈妈这么一说，田田露出了开心的笑容。

父母应多听听孩子的解释，让孩子有辩解和申诉的机会，这不仅仅是父母爱孩子的体现，更是孩子应得的基本权利，也是保证孩子身心健康必不可少的一个环节。

当父母认为孩子做错了事情时，不要急于作出判断和结论，而要首先倾听孩子的解释。你可以说："好吧，和妈妈说说当时的情况。"

当孩子对一件你曾经认为错误的事情作出合情合理的解释时，你应该说：**"原来你有自己的想法，妈妈明白了！"**

问答

## 父母小课堂

# （如何做情绪稳定的父母）

### 尽量先处理好自己的情绪，再面对孩子

把自己从情绪中抽离出来，冷静思考，给自己一段时间独处，分析自己为何会生气，带着这样的情绪可能会对孩子做出怎样的行为？造成怎样的后果？这样做对解决问题有没有实质性帮助？

### 诚恳地和孩子沟通，表达真实的感受

没有人可以完美控制自己的情绪，当自己被各种负面情绪笼罩，实在做不到风轻云淡时，不妨诚实地告诉孩子：

“妈妈因为工作的原因现在心情不太好，需要一个人冷静一下，如果你总是打扰我，我怕会对你发火，妈妈不想对你发脾气，所以希望你乖一点。”

父母吵架，尽量不要当着孩子面，或者要与孩子好好沟通，让孩子明白：我们的负面情绪不影响我们和你之间的关系，我们的负面情绪不是因为你。

通过父母处理情绪的方式，孩子会明白有矛盾有冲突不可怕，只要敢于面对，通过正确的处理，结果也会是好的。

第五章

# 带着温度说话，孩子才肯用心听

扫码体验音频讲读

## 学会赏识，
## 激励帮助孩子进步

刘晓已经上五年级了，平时学习成绩在班里只能算是中等，可这次考试他竟然考到了班里的前五名，放学后他拿着成绩单兴高采烈地跑回家，进门就冲爸爸说："我考了班里第五名。"

当时爸爸正在专心地收拾他的花草，就随口说了一句："你没看见我在忙吗？再说，你的成绩单有什么好看的，又不是第一名。"

刘晓本来是想让爸爸夸奖自己一番的，可没想到爸爸会这么说，爸爸的话让他一点兴致都没有了。

很多父母对孩子严格要求，总是抓住孩子的错误和缺点不放，对孩子的进步却视而不见，这样的教育方式往往效果并不理想，甚至会打击孩子的自信心，造成孩子的逆反心理。

当孩子从父母那里得到赏识和鼓励时，就会在情感上得到满足，精神上得到激励，从而丰富和加深积极的内心体验，增强自信心，督促自己争取更大的进步。

给予孩子真诚的赏识，比任何其他方式更能激励孩子的上进心，比任何教育秘诀都有效。孩子具有无限的潜能，头脑中充满创造性的火花，只要父母给予赏识和激励，孩子就会发挥自己的最大潜能。

父母如果敢于肯定孩子，对孩子发出**“你一定能行”**的正向信息，就会使孩子对自己越来越有信心。相反，如果父母总是对孩子过度的担心和保护，对孩子发出的是“你不行”的负向信息，那么时间长了，孩子会真的认为自己不够好。

## 不要只盯着孩子的缺点

对于孩子来说，父母的话具有很大的权威。所以，父母不要整天把孩子的毛病、缺点挂在嘴上，不停地数落，更不要对孩子说结论性的话，比如“笨蛋”“你真没救了”等。

**世界上没有十全十美的人，**何况是正在成长的孩子。而且孩子身上所谓的优点和缺点往往是辩证的，表面看是缺点，实质却可能是潜在的优点；今日的缺点，也许就是明日的优点。辩证法告诉父母，一切事物都处于转化之中，在一定的条件下，一个孩子的缺点也能够转变成优点。

每个孩子的能力也都是不同的，他们总会在一些方面有不足甚至是缺陷。这时候，如果连父母都看不起他们，甚至嘲笑他们，那孩子会更加自卑，甚至自暴自弃，从而毁了自己的一生。

## 发现孩子身上的闪光点

孩子良好习惯的养成，是一点一滴微小的进步累积起来的。**父母应该用放大镜去发掘孩子的优点，**比如孩子某天按时做作业没用大人提醒，这就是进步。

如果父母能写一张纸条：孩子，爸爸妈妈今天看到你长大了，能自觉完成作业，不再让我们操心了，爸爸妈妈好开心！如果每天都能这样做就更棒了！孩子，爸爸妈妈相信你一定能做到的！

然后把它放在孩子的枕头边，让孩子一觉醒来后看到，这样孩子当天肯定有一个好心情，而且以后会做得更好。

# 冷静批评，
# 收起自己的愤怒

余航上初中一年级后，父母规定他写完作业可以到外面玩，但必须在晚上十点之前回家，余航一直遵守得很好。

一个仲夏的夜晚，余航和几个同学在街心公园的草坪上聊天、唱歌，不知不觉地就到了十一点，等余航知道时间时，已经过了爸爸妈妈规定的时间很久啦！余航怕爸爸妈妈批评自己，就找了一个长凳子从后窗翻回了自己的房间。

第二天早上，余航怀着忐忑不安的心情走到餐桌旁，等待着暴风骤雨的来临，没想到，爸爸只是说了一句：“你已经长大啦，要做一个守信的人，既然定了回家的时间，怎么能不遵守呢？再说，你这样做很危险，不光你可能会摔伤，而且如果别人发现有人在跳窗户，可能会报警。”

原来爸爸早已从余航的神情上，知道他已有悔意。余航的脸红红的，知道自己这次确实错了，心中暗想，下次再也不这样做了。

批评是爱护的一种表现形式，是父母常用的一种方法。在批评孩子时要**沟通情感、提升自尊、树立信心、解决问题**，从而达到父母和孩子双赢的目的。

在现实生活中，当孩子出现过失的时候，有些父母的表现则是情绪激动，声音分贝高，语言速度快，一阵狂风暴雨，真可谓酣畅淋漓！说完了，骂完了，家长的心里也痛快了，平衡了。而父母可能不知道，当自己口若悬河的时候，大多孩子心里算计的却是："现在是骂到一半了！""再忍耐一下，就快骂完了！"

父母在批评孩子的时候也会突然停下来问："你听明白没

有？”孩子马上条件反射地说：“听明白了！”“记住了没有？”“记住了！”“以后还犯不犯？”“不犯了！”

孩子这时候如此痛快地敷衍只是为了早点结束这场暴风雨，他对父母说的话往往不是能倒背下来，就是根本不知道说过什么。只知道一点：我错了，所以被批评！就连错误带来的愧疚、不安也随着批评的咆哮声烟消云散了。

因为他们很明白一点，骂完了一般也就没事了！孩子唯一做的和感兴趣的事就是等待，等待这番责备的结束！最后的结果就是孩子口服心不服，你骂你的，我做我的。

因此，父母批评孩子的时候，一定要注意方式方法，考虑孩子的感受，尽量做到“忠言不逆耳”，这样，孩子才不会产生抵

触情绪，更容易听得进去。

## 什么时候批评

当孩子第一次犯错误时，父母只需要告诉他为什么错了，怎么做是对的就行了。在指导的时候，对孩子保持尊重的态度可以让孩子尊重父母的意见，耐心细致的讲解可以让孩子明白错误的原因及后果，善解人意的情绪会让孩子不会被错误的阴影笼罩。

如果孩子再次犯了类似的错误，也许是孩子还不太熟悉正确的方法，也许是教训得不够深刻。父母首先应该对孩子犯错的原因进行分析，如果是前者的话，就要讲清楚，把事情说明白，再给他机会去做；如果是后者的话，才应该对孩子做适当的批评。

## 应该批评什么

在孩子开始或接触新的事物的时候，由于认识不深，准备不足，行为表现不太合理，即使出了偏差和错误也在情理之中。这时候需要的是帮助，而不是批评。

第一次错了可以理解，第二次错了可以谅解，再错就不能容忍了。在这个时候进行批评是合理的。有一句名言：**“态度决定一切。”**错误频频出现更多是由于态度的问题而产生的。

所以批评应该针对孩子的态度，而不是针对事情本身。比如，孩子把不理想的成绩单拿回来后，父母不是心平气和地与孩子一起分析原因，更多是对成绩本身进行埋怨，为了发泄自己的不满而向孩子发泄，而这种盲目的批评并不利于孩子接受和改正。

## 怎么进行批评

这需要举个实际的案例来说明，有个初中男孩很爱玩网络游戏，经常逃课，为此影响了功课，父母非常着急，那么该怎么办呢？

（1）首犯要说理

这个孩子虽然学习成绩还可以，但自制力比较差，对后果预见不足，所以在有可能的时候就想跑出去玩游戏。当出现这种情况时，父母应该耐心说明这样做的后果，还要表达对孩子的信任和期望。重要的是要孩子明白这样的做法有什么不当之处！切不可大发雷霆，动辄打骂。

（2）又犯要约定

这个孩子因为禁不住诱惑，又偷着跑出去玩游戏。父母就应该严厉地告诉他这样做是不行的。鉴于他再一次出现了这样的错误，就要和孩子约定一个方案，并要求孩子作保证，如果再犯，他将会受到什么样的惩罚。当然，这种惩罚应该是双方都可以接受的合理方式。

（3）再犯要惩罚

当孩子又犯错时，父母有两种选择，一是保持沉默，并让他明白父母已经知道发生的一切，告诉他你保留采取惩罚的权利，但现在还不打算实施。二是根据约定，让孩子践诺，接受惩罚，并再次让他承诺如果再犯，应该怎么办。

孩子在成长的过程中，做错事、犯错误是在所难免的。然而，父母要明白，**孩子犯了错，他自己也会有愧疚感**。因此，如果孩子犯的只是无伤大雅的小错，父母批评教育他时，尽量点到为止就可以了，以免孩子因为觉得委屈而对父母产生不满，影响亲子关系。

## 减少唠叨，<br>要让孩子真正听进去话

小学四年级的夏林在一次期末考试时，数学考了89分，语文考了88分，在班里排名靠后。开完家长会，爸爸走出教室时的脸色不太好，夏林感觉不太妙。

下午放学回家后，爸爸把夏林叫到他的房间，一个劲儿地说夏林没有考到前面，说家长会上老师说夏林成绩退步了，他的脸都被夏林丢尽了。爸爸问夏林怎么那么不争气，这段时间干什么去了，为什么成绩会退步……

两个小时过去了，爸爸翻来覆去地说着相同的话。夏林终于听不下去了，开始反驳："你天天就知道忙，还对我这么严，不就是没考好吗？不就是两门课没有达到90分吗？你为什么这么计较？我下次努力就是了。"

爸爸见自己口水都快说干了，儿子竟然没听进去，又劈头盖脸地说起来。说来说去还是那些大道理，什么“我都是为你好，我不工作谁赚钱，我对你不严点怎么行呢”之类的话。夏林一直沉默不语，就那么坐着，缩着头听。

晚上九点妈妈回来了，爸爸说累了，就让妈妈来“换岗”。当爸爸发令说“去睡觉”时，夏林如释重负地走出房间，一看表，已经次日凌晨一点多了。

不久，学校对学生进行问卷调查，在“你最受不了父母的哪种行为”一栏里，夏林毫不犹豫地在“唠叨”上打了“√”。

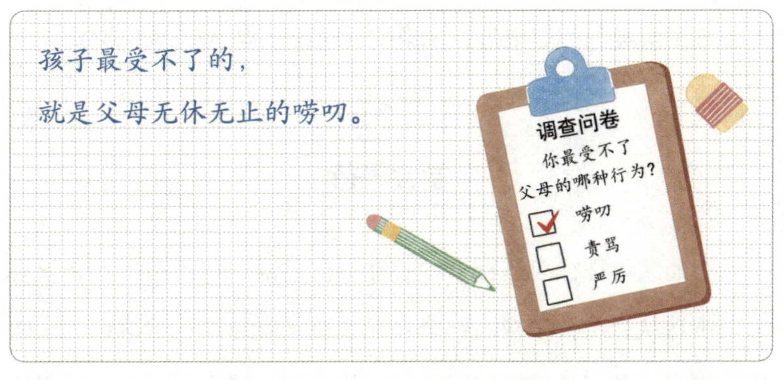


生活中，有些父母知道不能打孩子，因为怕失手将孩子打伤，但是他们丝毫不担心说教给孩子造成的伤害。孩子对父母唠叨的反感，犹如**孙悟空对唐僧紧箍咒的厌恶**。当孩子犯错时，急于解决问题的父母，总是采取这种看似行之有效而实际却毫无用处的办法：唠叨。

父母忽略了孩子对问题的陌生、无助、恐惧，这样的说教，怎么可能起到立竿见影的效果？想让孩子真正听进去父母的话，最好和孩子一起分析、解决问题。

## 抓大放小

父母应该学会把最主要的精力放在那些重要的事情上，应当学会关心孩子最核心的需求，比如孩子的人生态度、价值观念、未来理想、生活习惯、学习方法等，这样一来，父母轻松了许多，孩子也会与你更亲近，你说的话对孩子自然有效得多。

## 学会等待

有的父母往往有这样一种心理：自己说一句，孩子就必须马上言听计从；给孩子提出一个目标，孩子就应该马上达到。这种想法忽视了孩子的特殊情况，孩子的心智和能力还没有发展到那么成熟的地步，有些事情可能还没有理解，有些事情可能还不知道怎么去做，有些事情可能还会常常出错。因此，**父母必须学会等待，**要克制自己急躁的情绪，给孩子充分的时间去改变，要允许孩子有所反复。

孩子的成长需要一个过程，比如生活自理能力的提高、良好习惯的养成、文化知识的积累……都需要长时间的历练，这不是唠叨能改变的。

## 只说一遍

如果父母想让孩子做什么事，想让孩子怎么做，应该先选择好恰当的时机，和孩子坐下来好好谈谈。为了引起孩子的注意，父母可以清楚明白地告诉孩子：**“你听好了，这话我只说一遍。”**

在对孩子说的时候，要重点突出，挑选有分量的话讲一两遍就可以，不要对孩子唠叨个没完。如果担心孩子没有理解，可以再给孩子解释一下其中的要点。

## 就事论事

当孩子犯错的时候，有的父母喜欢翻孩子的旧账，把许多陈芝麻烂谷子都拿出来说，把孩子的种种“恶行”全部数落一遍，每次都是越说越激动，越激动越来气，越说越多。

其实，在生活中孩子犯一些错是正常的事，**孩子就是在犯错误的过程中成长起来的**。对于孩子犯的错误，父母应当就事论事，一事一议，犯了什么错就说什么错，不要加以引申。

有人说：“如果你想知道谁在孩子心中有威信、说话有分量，你就看看家人中谁说话少。”这里的“少”是指不会对孩子的大事小事过多地唠叨，发言时能切中要害，一针见血地指出问题，并且能点到为止，使问题一目了然，给孩子反思的空间，让孩子心服口服。

## 巧用“近因效应”，让谈话更愉快

阳阳这周的作文写得很好，被老师表扬了，阳阳妈妈看到孩子作业本上那个大大的“优”字也非常高兴，但是又担心自己一直鼓励孩子，表扬孩子，会让孩子骄傲自满，所以她就对孩子说：作文写得真不错，但是字写得不工整。

阳阳妈妈觉得这句话并没有什么不妥帖的地方，既表扬了孩子，又指出了孩子的不足，希望他以后能够积极地改正。但是没想到阳阳却不这么想，脸上的笑容马上就收住了，撇着嘴走开了。

其实很多父母在教育孩子的时候都会用阳阳妈妈的这种语气，先是提出表扬，然后再指出孩子的缺点。明明这是大人社交过程中经常用的一种礼貌性的语句，但是很多孩子听了都不会感觉到开心。

清代名臣曾国藩征讨太平天国的时候，一开始经常打败仗。在给皇帝写奏折报告军情时，他不得已写上了“屡战屡败”。这时他的一个谋士看到了，说：“这样写，皇帝恐怕要降罪于你。”曾国藩说：“可是还能怎么写呢？”谋士说：“我看还是改成‘屡败屡战’吧。”曾国藩就照做了。结果皇帝看了奏折，果然没有追究他的罪过。

字的顺序真的有那么重要吗？“屡战屡败”把“败”字放在后面，只是让人感觉打仗的结果大都是失败；而“屡败屡战”把“战”字放在后面，则给人以不屈不挠、不达胜利不罢休的印象。

在一组信息中，人们对位于开始部分和末尾部分的信息，比中间部分的信息记忆更牢固，前者叫“首因效应”，后者叫“近因效应”。“近因”是指最后的印象，它同“首因效应”一样会给人的认知活动造成强烈的影响。

心理学实验表明，人与人之间的交谈中，相互之间对话语的理解，往往受近因效应的影响。也就是说，最后一句话，往往决定整段话的调子，并且能给人留下更加深刻的印象。

根据“近因效应”的心理学原理，父母在和孩子聊天的时候，要注意把消极的意思放在前面说，把积极的意思放在后面说，这样才能在整体上给人积极向上的感觉，也就是说**每次谈话要留一个光明的尾巴**。

因此，上文提到的阳阳妈妈如果像下面这样说，阳阳肯定会很开心。

## 多用观察性语言，少用评价性语言

早上叫孩子起床，送孩子上学，几乎每个家庭都会出现这样一幅场景。

父母都做好饭了，但是孩子依旧没有起床，这时候父母心里非常着急，就会大声地喊孩子："再不起床就要迟到了，迟到了老师就会批评你。"

父母的这句话就是明显的评价性语言，父母是站在评判者的角度去批评孩子现在的这种行为。如果父母采用一种观察性的语言，针对性就没那么强，孩子也不会产生反感的情绪。比如说告诉孩子现在的时间，告知他们现在的状况：如果现在起床了还能够赶上校车，现在起床好不好?

通过上面的对比，我们能够看到评价性的语言对孩子来说非常刺耳。孩子如果听过这些话，就会变得异常敏感，他们总是在父母的这种评价当中去认识自己，对他们来说，父母说他们好就是好，父母说他们错就是错。所以说，不要让孩子活在父母的评价当中，要让他活在一个真实的场景当中。

那么怎样才能将评价的话语转为观察的话语呢？父母首先要做的就是看到真实的情况。很多时候父母在看到孩子做错一件事情或者给父母带来烦恼的时候，经常就是压制不住情绪，对孩子一顿批评。但是有些时候孩子这样做也是有理由的，父母可以先去倾听孩子的理由，还原事实的真相，然后再对孩子进行有针对性的教育，不要上来就急着批评孩子。

其次，父母的语言应该更加的客观。对于孩子的错误，父母总是习惯性地夸大。比如说孩子明明是第一次上学迟到，父母偏偏说他一直都是这样，这种错误的评价就会让孩子的内心产生极大的抗拒感。

## 评价孩子时应先贬后褒

父母和孩子谈话时，如果必须要使用评价性语言，就一定要注意“近因效应”。如果要说的话中既有好听的，又有不好听的，那就要尽量把不好听的放在前面说，把好听的放在后面说。这样后面的话就决定了整句话的基调，能让孩子更加积极乐观地面对问题。

批评孩子的时候，“近因效应”会显得更加重要。父母在批评孩子之后，可以用这样的话来结尾：**“也许我说的话重了一点，但是希望你能理解我的苦心。”**听到这句结束语，孩子会有一种受到勉励的感觉，认为这一番批评虽然严厉了点，但父母都是为自己好。

父母也可以在批评孩子之后加上这样一句：“其实，总体来说你还是挺不错的。”如果实在想不出安慰的话，或者不好意思再加上这样一句，那么身体语言也可以作为“光明的尾巴”。对

挨了批评的孩子笑一笑，或者拍拍孩子的肩膀等亲密的肢体语言，也可以给孩子带去一种鼓舞。

相反，如果父母用“你懂了没有”“如果再犯，我决不饶你”等怒气冲冲、命令式的结束语，则只能给孩子留下一个更为恶劣的消极印象。

= 问答 =

## 父母小课堂

# （批评孩子之后的语言安慰技巧）

孩子犯错后，情绪往往会比较低落，心情往往也会受到影响，父母在批评孩子后，应及时给孩子一些心理上的安慰，要从语言上来安慰孩子，比如：

“没关系，知道错了改正就行。”

“我知道你是个聪明的孩子，自己会知道怎么做的。”

“爸爸妈妈也有犯错的时候，重新再来。”

也可以从行动上安慰孩子，比如，握握他们的手，拍拍他们的肩，或给他们一个微笑、一个拥抱等，这样就会让孩子感到，虽然他们犯了错，但父母还是爱他们的，也还是信任他们的，他们会对家长充满感激，也会对自己充满信心。

第六章

# 化解冲突，温柔的父母才能养育出平和的孩子

扫码体验音频讲读

## 找到孩子闹情绪的原因，对症下药

妈妈："我真不懂你！这也不行，那也不行。你到底想怎样？"

孩子："不想怎样，就是想在地上玩小火车。"

妈妈："我说过了要安装吊灯，地上什么都不能放。你去玩其他玩具，怎么不听话呢？"

孩子："不行，我偏要放。"

"我说了多少遍，你都听不进去，你到底想做什么？"此时妈妈的嗓音已经很高了。

孩子有一些害怕，但依旧没有放弃，有些胆怯地看着妈妈，摇了摇她的手说："我要玩小火车。"

妈妈终于忍不住了："再闹小心我打你啊！"

于是妈妈打了孩子，孩子哭得很委屈，当他渐渐停止了哭泣，疲惫地靠在妈妈身上时，妈妈才明白过来，孩子是因为想睡觉。他今天起得很早，导致他一上午都闹脾气。

知道了原因后，妈妈感到心疼："小傻瓜，你怎么不告诉妈妈真相！"

孩子依旧强挺着："我没困，我只是想玩小火车了。"

在养育孩子的过程中，孩子由于心智发展不足，可能因为身体不舒服或一点事不顺心就会"闹情绪"。每当遇到这样的情况，父母就觉得孩子不听话、给自己添麻烦，也控制不住自己的情绪，用一些错误的方式去处理。

其实，成年人也经常忽视自己为什么焦虑或抑郁，有时发火发得莫名其妙。仔细想想，就会发现其实是被不顺心的事所困扰：缺乏高质量的睡眠，在工作上不如意或某一项任务没有完成好。

如果能将情绪平稳下来想想事发的根源，**让心情重新阳光起来，**失落的情绪也就不会再困扰自己。

但很遗憾，有些人并不这么明智。大人们有时都不想正视自己失落的根源，孩子就更是如此。睡眠不足是最容易引起孩子情绪不好的，尤其是幼儿更需要充足的睡眠，但他们往往抗拒睡觉。你若问他是否要睡觉，90%的孩子可能会给出否定的答案。

但是除非孩子极度兴奋，否则孩子还是很容易困倦的，这时做什么孩子都觉得无趣，都会烦躁。所以遇到孩子打扰父母的情况，可以考虑他前一天是不是玩得太累了，即使是按正常的时间睡觉了，可能休息的时长也不足以使其身体恢复，所以还会出现管不住自己情绪的情况。

如果父母知道孩子恼人行为的原因，直白地和他说："我知道了，你是因为困了，那就早点睡吧。"孩子的第一反应一定是："我根本就不困！"还会因为被戳中心思而更加恼火。

这时，父母应该开动脑筋，换一种方式让孩子乖乖去睡觉。比如询问他："洗个泡沫澡怎么样？"

这是大多数孩子都喜欢做的事情，在澡盆中给他丢一些他喜欢的玩具，孩子在温水里不一会儿就会更困了，控制好他在水中玩耍的时间，洗完澡他就自然想去睡觉了。

有时，孩子表现得情绪不好并不是因为没睡好，而是他过剩的精力没有完全消耗。比如一整天都在家里百无聊赖，没有与小朋友玩耍，他便会频繁地打扰父母。

父母也许有急事要处理，但在这种情况下，暂时放下手中的事情是明智的做法，陪孩子玩一会儿，让他高兴起来，这样你才能有时间继续做你该做的事情。

## 找到孩子行为动机的根源

对于不听话的孩子，父母会有气愤、不解等情绪，原因在于孩子对父母的教导不服从，甚至有“你让我做什么我偏不做”的叛逆心理。

所有事情都是事出有因的，即使这一点孩子自己并没有意识到。孩子生来就想要有归属感和受到重视。对能使他感受到自己受关注的行为会一再重复，而对那些没用的行为会很快舍弃。希望被关注、挑战权威、报复他人以及自我放弃都与寻求归属感有着重要的联系。在孩子看来，被关注和挑战权威有助于他们寻找所需要的感觉，对他人实行报复能使孩子在心理上得到补偿。

**父母只有找到孩子行为动机的根源，**才能用正确的方法教育和引导孩子，从而用有效的方法来实现目的。不同的原因可能会使孩子做出同样的举动，比如说不好好吃饭，也许是想要父母关心、注意到他，也可能是向父母抗议，但究竟是什么原因还要仔细分辨。

父母可以从自己的举动可能对孩子的内心产生的影响来分析。

父母要是觉得气愤、愧疚，那么孩子很可能是为了引起你的注意。如果觉得自己的家长地位受到了威胁，孩子也许是在挑战你的威严。如果你感到难过、痛苦，孩子有可能是在报复。如果你无法阻止孩子的行为，不能对他产生激励，孩子可能是处在极度缺乏自信的状态中。

以上这些感觉不是父母的直接感觉，当孩子反抗自己时，父母最可能感到生气、愤怒、无所适从，而对自己更深一层的真实感觉没有意识。

**只有真正倾听自己内心的声音，**才会有最真切的感受，从而有助于辨别孩子的动机。

## 不要让孩子感到被冷落

小言有一个哥哥，一个姐姐，由于哥哥姐姐都太调皮，爸爸妈妈的大部分时间都花在了他们身上。对小言往往无暇顾及。

久而久之，小言开始不安，与家人一起吃饭时，小言经常去卫生间或边吃边玩，很多时候不集中精力吃饭，把筷子弄到地上或吃得满桌子都是饭粒。遭到父母的批评后，小言每次都是态度良好地承认错误，但是过一会儿就又变回老样子。

其实小言很懂事，本来不想惹父母生气。不过父母对小言的忽略和冷落让他担心爸妈不喜欢自己。观察哥哥姐姐，小言总结出，要想吸引父母的注意就要制造些麻烦才行，只有这样才能让父母注意到并关心自己。于是他便如法炮制，惹了很多麻烦。

爸妈果然注意到了他，他便继续闯祸。爸爸妈妈的批评在小言看来只不过是意料之中的反应，当然也不会放在心上，自顾自地继续闯着祸。可是如果父母能够明白孩子这么做的原因，就不该继续注意他的一举一动，索性就让他淘气一段时间，当他的做法得不到预期的效果时，他很快就不会再故技重演了。

当然，为了避免他另辟蹊径，从源头解决，父母还是要将对孩子的关心表达出来，再适当地加以赞赏，**让孩子不受冷落，**只要孩子没有失落感，知道自己受到了重视，自然也就不会出现这些问题了。

## 学会共情，巧妙应对孩子的愤怒

李杰小时候非常乖巧听话，但随着慢慢长大，脾气越来越不好，有时候竟会为了一点小事发火，父母越小心谨慎，李杰就越爱发脾气，就像一只小刺猬，使得父母很是头痛。

上了小学后，李杰依然脾气火暴，动不动就跟同学打架。有一次，因为一个高年级的同学抢了李杰的篮球，他就把这个同学的鼻子打流血了。李杰的妈妈被叫到学校后，让李杰向被打的同学道歉，谁知李杰不但不听，还大喊大闹，妈妈气得在李杰身上打了好几下。李杰却丝毫没有妥协的意思，气鼓鼓地瞪着眼睛看着妈妈。妈妈也无可奈何。

**孩子的愤怒是一种正常的情绪，**父母不应该否认或者压制。当然，也不能任由孩子随意发泄愤怒，成为一个脾气火暴的人。

下面提供几种方法帮助家长理解并接受孩子的愤怒，帮助孩子用积极的方式去平息自己的愤怒情绪。

## 问清原因，以同理心回应孩子

当父母发现孩子愤怒时，首先要问清楚原因。有时候，孩子愤怒仅仅是觉得委屈和不满，如果父母能够及时体察孩子的这种心情，并用同理心表示理解，孩子的怒气立刻能够消掉一半。

如果孩子因为恐惧、不公平等原因而感到愤怒，父母需要帮助孩子整理一下情绪，让孩子的愤怒平息下来。比如，父母可以说：

**“你是不是觉得这样对你来说是不公平的？我也觉得如此！”**

**“我知道你受到了伤害，我们一起想办法来解决这件事情吧！”**

说这些话时，父母要走近孩子，看着他的眼睛或摸摸他的肩膀，清楚、明确地告诉孩子应该怎样做，说明父母是无条件地爱他的。

比如，妈妈可以抱着孩子，看着孩子的眼睛，慈爱地对孩子说：

## 教孩子合理表达愤怒

即使孩子的愤怒是有原因的，父母也要教会孩子用合理的方式表达出来，而不是用肢体语言，比如摔东西，甚至是骂人、打人的方式来发泄。

当孩子的玩具被人抢走时，可以这样教孩子：“去告诉他玩具是你的，你想要回来，否则，你就会找父母或者老师帮忙。”

当孩子被人欺负时，可以这样教孩子：“告诉打人的小朋友，你不想被别人欺负，请他向你道歉，否则你就会找父母或者老师帮忙。”

当孩子受到不公平的待遇时，可以这样教孩子：“你应该告诉对方，这样做是不公平的，但是，你愿意暂时忍受不公平，希望下次不要再出现类似的情况。”

## 孩子有不满，
## 让他彻底释放出来

牛牛的父母平时工作很忙，总是没有时间带牛牛出去玩。今年，父母好不容易决定利用十一假期来弥补一下，带牛牛出去玩。牛牛想去泰山，妈妈说去黄山，爸爸说去九寨沟。后来，爸爸妈妈简单地商量了一下，决定去黄山，既能旅游，又能见一见自己的老朋友。

可即将出发时，爸爸因为公司有事不能去了。妈妈也不想去了，可转念一想，都答应孩子了，那就妈妈和牛牛一起去吧。

当牛牛知道爸爸有事不能去了，他觉得本来是一家出去玩，既然爸爸不去了，自己也不想去黄山，那就不去算了。妈妈生气地说："父母因为你才安排的这次旅游，你真是不懂事。"

于是母子开始黄山之行。到了黄山，牛牛来了精神，他提出要与妈妈比赛爬山。妈妈怕爬山有危险，再说牛牛也不一定能走完全程，因此决定坐缆车上去。最后还是妈妈说了算，牛牛觉得没有意思。

到了山下，牛牛想买点纪念品带给同学们，妈妈也不让牛牛自己挑，弄得牛牛非常泄气。后来，妈妈又领着牛牛拜访了几位朋友，牛牛觉得完全与自己无关，所以玩得一点儿也不开心。

旅游回来后，妈妈问牛牛玩得开心吗？牛牛没好气地说："早知这样我才不跟你出去呢！以后要出去你自己去好啦，我不会再跟你出去玩啦！"

妈妈发牢骚说："如果不是因为你，我就不安排这次出行了，到头来自己累不说，你小子还不领情！"

牛牛辩解说："你们一点儿都不顾及我的感受，完全由你们随意安排，还说为了我。"为此，妈妈和牛牛在之后的很长一段时间都说不到一块儿。

在日常生活中，出于种种原因，孩子经常会产生各种各样的不满情绪，这是非常正常的现象。

许多父母都会说："我家孩子真是没良心，我总是替他考虑，什么事都为他好，可他就是不满意，还总是埋怨个不停，想想真不愿意替他做那么多事。"

父母习惯于对孩子不满意，总是埋怨孩子这个做得不好，那个做得不行，却容不得孩子对自己有不满的情绪。

**不满往往导致孩子逆反、亲子冲突，**不满也会影响孩子的身心健康。那么，在日常生活中，父母应该怎样让孩子释放不满情绪，找到心理平衡呢?

## 多与孩子商量

孩子是独立的个体，有自己的思考能力，所以，在关于孩子的事情上，父母应该和孩子商量讨论，倾听孩子的意见，而不是一味地替孩子作决定。否则往往会让孩子产生不满情绪，父母又觉得孩子不能理解自己的苦心，结果就会造成亲子之间不必要的隔阂。

如果发现孩子对自己有不满情绪，父母不妨放下架子，主动与孩子沟通。

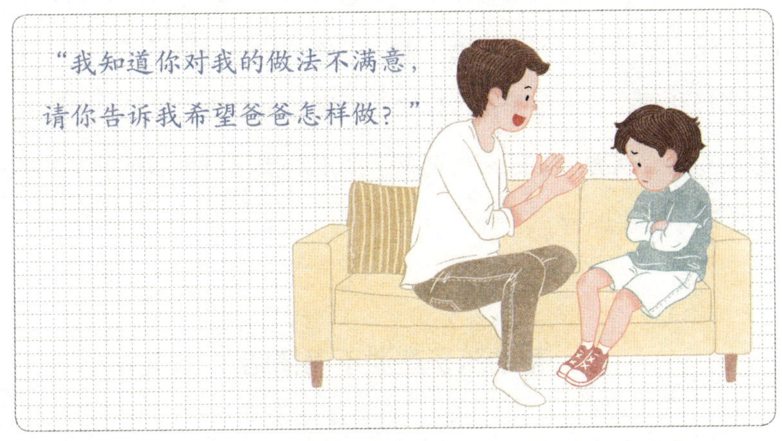


父母应当为孩子树立一个表达情绪的榜样，把自己的喜怒哀乐都表达出来又不迁怒于人，而不是在孩子面前过分维护所谓的家长尊严与权威，老是板着一副面孔，任何事情都不允许孩子发表意见。这样，孩子也会理性地对待事情，遇到不满与家长倾诉，而不是把不满情绪放在心里。

## 正视孩子的不满情绪

当孩子因为不满而出现哭闹、烦闷时，父母应该理解孩子的情绪，不要惊慌，不要急躁，更不要用打骂、呵斥的方式来制止孩子，因为强制性的手段往往不利于孩子的心理健康，还容易让孩子养成孤僻的性格。

正确的方式是为孩子提供轻松的氛围，让孩子尽情宣泄心中的不满，从而在心理上找到平衡。等孩子情绪平静下来后，父母再因势利导，告诉孩子：**“你表示不满是正常的，但是……”**只有用冷静、理智的方式来处理孩子的不满情绪，才不至于让孩子在不满中失去理智。

## 帮助孩子宣泄不满情绪

当一个人心里有不满情绪时，就会想方设法地发泄出来，孩子也一样。发脾气、摔东西、毁坏用具、折磨小动物等，都是他们发泄不满情绪的方式。在成人眼里，发泄似乎是一个负面的词语，事实上，合理地发泄不满是一种正常现象，可以帮助孩子缓解焦虑和压力。

合理的发泄方式有许多，比如，让孩子把不满情绪写下来，然后装进瓶子里扔掉；向自己的同学、朋友倾诉心中的不满；把枕头等道具作为让自己不满的对象进行发泄；采取自言自语的方式把心中的不满都说出来，等等。

家长还可以通过带孩子游戏、体育运动、户外活动、外出旅游等方式来发泄孩子的多余精力，平息孩子心中的不满。

## 引导孩子多进行自我检讨

在校门口听到这样一对父子的对话：

“爸爸，你怎么才来接我，我都等了半个多小时了。”

“爸爸一下班就急着来接你了，你还嫌晚。”爸爸反驳道。

于是，父子俩相对无语，生着闷气走了。

如果爸爸能够主动检讨自己，向孩子表示歉意，孩子也会学着用自我检讨去化解心中的不满。比如：

“爸爸来晚了，宝贝，真对不起，等的时间长吗？”

“不算长，我在跟同学聊天，这不刚说了一会儿。”

于是，父子俩高高兴兴地走了。

孩子遇到不满时，往往会把责任归于其他事物或者对方，如果父母能够在生活中以身作则，遇事多从自己身上找问题，多进行自我检讨，那么，孩子不满的情绪自然会减少，也会变得更加宽容。

## 有开心的父母，才会有快乐的孩子

金金是一名小学生，学习成绩优秀，还弹得一手好钢琴，同学们都很羡慕他有一个作曲家爸爸。可是金金却一直闷闷不乐。

有一次，金金去同学家里玩，这个同学家里条件没有自己家里好，但是家庭很温馨，同学的父母都非常阳光开朗。他们一起做游戏、讲笑话，金金玩得非常开心。回家的时候，金金拉着同学妈妈的手说：“阿姨，我真想住在你们家！”

原来，金金的爸爸总是忙于自己的工作，由于工作特殊，爸爸的眉头总是拧得紧紧的，每当缺乏灵感时，他更是会大发雷霆。这种情况下，金金的妈妈总是一声不吭地躲进房间抹眼泪。

是啊，父母不快乐，孩子怎么可能会开心呢！

美国作家杜利奥说，**只有开心的父母才有快乐的孩子**。在日常生活中，父母永远都是孩子的典范，懂得营造家庭轻松气氛，让家里充满温馨，懂得如何让生活轻松而快乐的父母，对于孩子成长中所起的作用是老师或者孩子周围任何其他人都替代不了的。

对于孩子来说，家庭是可以避风的港湾，即使受到再多伤害，只要一回到家，就能重获安全了。在一个幸福快乐的家庭里成长起来的孩子，比那些在不幸家庭里长大的孩子要幸福得多，因为他们从小被快乐的氛围所熏陶，自然就会有乐观的性格，遇到事情能以乐观的心态看待并积极地去想办法去解决，而不是消极地逃避或者听之任之。

## 做快乐的父母

美国临床心理学家劳伦斯·科恩的著作《游戏力2》中有个非常有名的“第二只小鸡”实验，他是这样描述实验过程的：

“首先，在小鸡们出生几天之后，我把它们一只一只地轻轻捧起，紧紧地盯着它们的眼睛，就像老鹰盯上猎物的样子，等我把它放下时，小鸡吓得僵在地上开始装死，大约一分钟后，它蹦起来，又开始四处走动。

其次，同时吓唬两只小鸡，结果它们一起装死，大约持续了五分钟左右。也就是说，它们一起装死的时间，比一只小鸡装死的时间要长得多。

最后，我在吓唬一只小鸡的同时，让另外一只小鸡在旁边闲逛，结果，被吓的这只小鸡仅仅在地上躺了几秒钟就蹦了起来。”

通过这个实验，科恩发现，受惊的小鸡会观察第二只小鸡在干什么，以此来判断所处环境是否安全。

科恩通过实验告诉我们，**父母的紧张、焦虑会传染给孩子，**让孩子也变得紧张、焦虑，从而给孩子的身心带来极大的负面影响。

有些父母总是说只要孩子快乐自己怎样都行，其实，如果你自己都不快乐，孩子怎么会快乐？

在教育孩子的过程中，父母首先要从自己身上下功夫，你想培养出一个乐观积极的孩子，首先自己要做到阳光快乐，给孩子一个宽松愉悦的成长环境。

父母要学会调节心情、稳定情绪的方法，在想要发火时告诉自己开心点儿，没什么大不了的。或许你还是会因为各种事情生气，但至少不会再那么烦躁。

好心情就是在日常生活中，好心情可以是自己给自己买束花，一次周末全家的美好晚餐，情人节父母一起去看的一场电影。

快乐的父母有无数个让自己开心起来的方式，就看你想不想让自己过得开心。自己过得开心，也会让孩子受到感染，好心情有时候真的很重要！

## 养育快乐的孩子

父母应该多陪孩子玩球、骑脚踏车、游泳……多运动不但可以锻炼孩子的体能，还会让他变得更开朗。保持动态生活可以适度纾解孩子的压力与情绪，并且让孩子喜欢自己，拥有较正面的身体形象，并从运动中发现乐趣与成就感。

美国儿童教育学者汤姆斯·阿姆斯壮指出，自由玩耍比有计划性的活动，对学龄前的孩子来说更为健康有益。父母要避免将孩子的时间塞满各种活动、课程。所有的孩子都需要有一些无所事事、随性玩耍的时间。唯有这样才能让他们的想象力无拘无束地发挥，让他们可以悠闲地看蜘蛛织网、研究萤火虫如何发光……以他们自然的速度去探索他们所好奇的世界。也许，有时父母也该放慢脚步，抛开行程表，跟着孩子的节奏享受生活。

当心情愉悦的时候，父母就不要吝啬表达你的快乐心情，不妨笑出声来。有的家长为了保持威严，经常在孩子面前摆出一副严肃的形象，殊不知那只会让孩子不再敢与你接近，而笑声则能让你与孩子的距离更加贴近。父母们，不妨多笑一笑，在有益自己身心的同时，也能让孩子得到快乐。

快乐的孩子需要能感受到自己与别人有某些有意义的联结，了解到他对别人的意义。要发展这种感觉，父母可以帮助孩子多与他人接触。可以和孩子一起整理一些旧玩具，和他一起捐给慈善团体，帮助无家可归的孩子。也可以鼓励孩子在学校参与一些义工活动。心理学家指出，即使在很小的年龄，也能在帮助他人的过程中获得快乐，并养成乐于助人的习惯。

每个孩子都有特有的天赋，何不给他们机会表现一下？如果他们喜欢讲故事，就鼓励孩子多讲故事。如果他们对数字很擅长，带着孩子去逛街，让他帮父母挑选价格便宜的东西。当父母能欣赏孩子的才能，并表现出你的热情时，孩子自然会更快乐。

问答

## 父母小课堂

### （孩子脾气暴躁怎么办）

**典型表现**

稍微不顺心就大哭大闹、大吵大叫，甚至摔东西、撒泼打滚，而且很难平息，有时候还会持续很长时间，很难劝阻。

**可能原因**

- 父母过分宠溺，包办代替，形成任性性格。
- 前庭功能发育不佳，自我调节能力差。
- 语言表达能力不佳，用发脾气来表达情绪。
- 某些外界因素，比如受到批评、感到惊恐等。

**对策建议**

- 增加适当的运动（感觉统合训练），引导孩子发泄情绪。
- 接受孩子的情绪，不因孩子的行为而愤怒。
- 心平气和地与孩子沟通，切忌说“你再哭我就不要你了”这种话。